NOTE RÉFUTATIVE

DU

GÉNÉRAL MAHMOUD BENAÏAD

SUR LE MÉMOIRE LITHOGRAPHIÉ

DES AGENTS DU GOUVERNEMENT TUNISIEN

NOTE RÉFUTATIVE

DU

GÉNÉRAL MAHMOUD BENAÏAD

SUR LE MÉMOIRE LITHOGRAPHIÉ

DES AGENTS DU GOUVERNEMENT TUNISIEN

INTITULÉ

RÉPONSE AUX RÉCLAMATIONS DE M. BENAÏAD

PARIS

TYPOGRAPHIE DE CH. LAHURE

IMPRIMEUR DU SÉNAT ET DE LA COUR DE CASSATION

rue de Vaugirard, 9

SEPTEMBRE 1854

INTRODUCTION.

Le général Benaïad a sous les yeux la nouvelle note transmise par les agents du Gouvernement tunisien à S. Exc. M. le ministre des affaires étrangères sous le titre : *Réponse aux réclamations de M. Benaïad.*

Si le bon droit du général n'était pas établi par les démonstrations et les preuves qu'il a, dès à présent, amassées autour de cette affaire, il lui semble qu'il le serait par la faiblesse, l'embarras, l'impuissance, le triste caractère de cette réponse.

Elle n'a que deux façons de procéder : ou elle ignore les questions, ou elle les dénature.

Elle n'est qu'une série de subtilités et de faux-fuyants qui glissent et fuient dans la main, dès qu'on essaye de les presser.

Elle n'a d'autre base que la planche pourrie de quelques insinuations et assertions odieuses qui ne seront la honte que de celui qui se les est permises.

Le général Benaïad a hâte d'entrer dans la discussion de cette pièce où les chiffres ne sont que le cadre du libelle diffamatoire, où sont accumulés sur son honneur le vol, la concussion, la fraude, la désertion, l'abus de confiance, le détournement, la mauvaise foi, la félonie pour aboutir à cette miraculeuse conclusion :

> En arrivant à la fin de cette note responsive, nous croyons pouvoir nous rendre cette justice de ne nous être écartés *sur aucun point* DE LA MODÉRATION que la dignité de notre souverain et notre propre inclination nous prescrivaient.

On peut donc présenter le général Benaïad comme un larron, un concussionnaire, un criminel fugitif, un félon, et rester modéré envers lui. Ou c'est pour lui l'ignominie, ou c'est, pour son accusateur, la licence dans la calomnie. Que faudrait-il penser d'un homme qu'on pourrait flétrir de cette manière.... avec modération !

Mais si le débat venait à prouver que toutes ces noirceurs ne sont qu'une combinaison pour payer économiquement ses dettes ; qu'un système consistant à jeter l'infamie à son créancier pour servir de quittance ; qu'une fiction derrière laquelle la force et l'injustice aux prises avec le droit, cherchent à échapper à la foi des contrats, aux comptes arrêtés, à l'authenticité des engagements, à la sanction des actes accomplis, aux obligations de la signature ; s'il était prouvé qu'elles sont la seule ressource d'une passion qui désespère de la discussion droite et sérieuse, certes le général Benaïad aurait déjà conquis une première réparation dans la conscience indignée de ses juges.

Or, cette preuve, il s'engage à la donner.

Non, il ne croit point que la loyauté du Bey de Tunis soit intéressée dans ces tactiques. Ce prince est désobéi ou bien il est trompé. Non, il n'est pas vrai que pour renier ses actes, ses engagements, sa signature, le Bey de Tunis consente à se dénoncer au Gouvernement français comme une dupe et un prince imbécile. Non, il n'est pas vrai qu'il veuille mettre la banqueroute sous la protection de la calomnie. A chacun ses œuvres. A des serviteurs plus emportés que sages, l'emploi et le choix de ces moyens. Au Bey peut-être de les désavouer et de les punir, si jamais il sait la vérité.

Dans cette réfutation qu'il est pressé d'aborder, le général Benaïad suivra la prétendue réponse qui lui est opposée, article par article; et, suivant son procédé constant, il mettra toujours le texte de l'objection adverse en présence de son propre argument.

Pour l'ordre et la clarté de la discussion, le général Benaïad avait divisé l'ensemble des questions soumises à l'arbitrage de la France, en deux *états* ou chapitres contenant :

Le premier : la spécification, le détail des valeurs négociables qui lui ont été concédées ou souscrites par le Gouvernement tunisien et l'emploi de ces valeurs négociées;

Le second : le détail et la somme des réclamations exclusivement personnelles au général.

Cet ordre naturel et logique, distinguant entre des questions d'une nature différente, réservant les droits de toutes les parties intéressées, est encore celui que le général Benaïad se propose d'observer.

CHAPITRE PREMIER.

VALEURS NÉGOCIABLES ET NÉGOCIÉES.

31 969 866 piastres 12 karroubes.

Ce chapitre se divise en trois sections :

1° Négociation Fould-Pastré	17 099 866 piastres 12
2° — Donon et Comp.	10 000 000 » »
Total de la valeur des teskerés de sortie d'huile négociée . . .	27 099 866 piastres 12
3° Négociation Perier frères pour l'obligation au porteur de 5 000 000, déduction faite des 130 000 piastres payées à compte par le gouvernement tunisien	4 870 000 » »
	31 969 866 piastres 12

De ces sommes considérables, antérieurement reconnues, avouées plusieurs fois par ses actes et ses signatures, résultant des titres authentiques qu'il a délivrés lui-même, le gouvernement de Tunis n'admet rien. Il rejette tout, il nie tout. Mais un débiteur ne peut honorablement se soustraire aux actes qu'il a librement contractés, itérativement et volontairement sanctionnés; il ne peut échapper à l'étroit et direct témoignage de son obligation et de sa signature sans avoir en main, sans produire devant le juge des faits certains, des preuves sensibles et solides, qu'il a payé ou qu'il ne devait pas. Jusque-là, son contrat l'engage, son obligation l'oblige, sa signature le lie. Renier ses dettes en face de ses écrits, protester soi-même contre ses propres billets, c'est en général une extrémité délicate à laquelle ne suffirait même point la bonne conscience de son droit. Il faut des pièces pour détruire des pièces, il faut des titres pour contester des titres. Il faut des preuves enfin pour prétendre à une annulation des obligations signées. Quels sont donc les pièces, les titres, les preuves qu'opposent les agents de Tunis au général Benaïad réclamant l'exécution des actes, le payement des engagements contractés? Des preuves, des titres, des pièces, ils n'en produisent pas. Ils n'ont au service d'une prétention aussi excessive que des assertions et des argumentations. Voyons-en cependant la valeur et la sincérité.

SYSTÈME DES AGENTS TUNISIENS.

Voici d'abord comment l'agent tunisien motive la suppression de la dette, principe et cause de la négociatiou Fould-Pastré.

« Pour bien faire comprendre tout ce qui touche au chef de demande que M. Benaïad qualifie de négociation Fould Oppenheim et Pastré frères, nous devons mettre en lumière la cause et l'objet de l'amra (ordonnance) qui y est relatif. Il résulte de la teneur de cet amra, qui est du 1er sfar 1267, que l'unique corrélatif des allocations argent qui y sont faites à M. Benaïad, consiste dans l'obligation qui lui est imposée d'acheter pour le compte du Gouvernement tunisien et de lui livrer 15 000 cafis de blé, d'une part, et 15 000 cafis d'orge de l'autre. C'est M. Benaïad qui, comme chargé de la direction des magasins de l'État, avait exposé à Son Altesse qu'il y avait nécessité d'acquérir cette double quantité de denrées alimentaires pour fournir aux besoins du service.

« Il résulte des comptes de matières que nous sommes prêts à produire que les magasins de l'État devaient à la date de l'amra précité, être fournis par les soins de M. Benaïad et suivant ses engagements antérieurs d'une quantité plus que suffisante de ces denrées pour alimenter les services dont il s'agit; d'un autre côté, il est démontré qu'à la date *de la fuite* de M. Benaïad, les magasins de l'État étaient entièrement dépourvus des quantités de denrées qu'il avait dû verser.

« M. Benaïad a si bien compris que sa demande sur ce chef péchait par sa base même, qu'il a soigneusement altéré dans son mémoire sous le titre *deux notes* l'amra même sur lequel il s'appuie à l'endroit de la cause et de l'objet des allocations argent. C'est ainsi que dans sa traduction il supprime entre autres ce passage : *et il devra verser* ladite quantité de blé et d'orge *à la Rabta et s'en décharger dans ses comptes concernant ladite Rabta*.

« Pour convaincre notre adversaire de son *infidélité* dans la copie du texte de l'amra, nous le sommons d'en produire l'original qui est entre ses mains.

« La cause sans laquelle il n'y a pas de contrat disparaissant doublement d'après ce qui précède dans les concessions à titre onéreux faites à M. Benaïad dans l'amra dont il se prévaut, la conséquence inévitable à en tirer est que ce chef de demande est sans aucune espèce de fondement. »

Le général Benaïad commençait donc par soustraire les grains appartenant au Gouvernement; puis il allait au Bey et lui disait : « Vos magasins sont vides; il faut les remplir. » Ce prince crédule et débonnaire lui donnait des ordres d'achat, il lui délivrait des valeurs pour les exécuter. Le général Benaïad gardait l'argent et n'achetait ni ne versait les grains.

Passons au second système, à celui par lequel on prétend supprimer la dette relative aux 10 000 000, objet de la négociation Donon.

« Ainsi que le général Benaïad le reconnaît lui-même, les teskérés lui ont été confiés en suite de l'assertion qu'il avait faite au Gouvernement que ses magasins étaient dépourvus de grains pour le service de l'armée. Chargé de la direction et de la tenue de ces magasins, jouissant d'ailleurs de l'entière confiance de Son Altesse, il fut tout naturellement cru sur parole; c'est ainsi que les susdites valeurs lui furent confiées pour les négocier et acheter à compte les céréales qui, suivant son assertion seule, étaient devenues nécessaires.

« Son Altesse ayant dû reconnaître quelque temps après que le départ de M. Benaïad, favorisé de toute sa bonté pour lui, prenait évidemment le caractère de *véritable fuite* et de *la rupture de tous ses engagements*, elle a très-justement ordonné la vérification de ses comptes; on a alors reconnu que quand M. Benaïad affirmait au Gouvernement qu'il avait besoin de l'achat des grains pour le service de l'année, il faisait une *assertion mensongère*; que le service de l'année était assuré par des recettes plus que suffisantes pour le couvrir. Ce dernier point a été établi par les comptes, soit dans la note que nous avons eu l'honneur de présenter à S. Ex. le ministre des affaires étrangères.

« *L'excessive confiance* que Son Altesse avait placée dans M. Benaïad, chargé de la direction des magasins de la Rabta et de l'achat de froment pour le service de l'armée, n'explique que trop la facilité avec laquelle il faisait admettre *ses allégations intéressées* sur de prétendus déficit. Aujourd'hui que *l'abus de confiance* et *la mauvaise foi* de M. Benaïad sont mis ainsi pleinement à découvert et qu'il a pour ainsi dire étalé lui-même *sa félonie*, le Gouvernement tunisien n'aurait-il pas même le droit de laisser à sa charge les pertes qui peuvent être résultées des négociations qu'il a faites dans son seul intérêt? »

Ce récit diffère du premier en ce point qu'on n'y conteste pas du moins la fourniture et le versement des 30 000 cafis de grains ayant donné lieu à l'émission des dix millions de permis de sortie d'huile. Mais nous avons encore à constater les accusations les plus déshonorantes envers le général Benaïad : il a trompé le Bey et il l'a volé, il a pris la fuite après le vol, il a couronné de cette façon l'abus de confiance, la mauvaise foi, la félonie. Par toutes ces raisons, le prix de ces grains n'est pas dû au général Benaïad.

Par quelle raison, maintenant, pourra-t-on s'affranchir de la dette reconnue par le mandat payable au porteur de cinq millions sur la ferme des cuirs? encore au nom du dol, du vol et de la fraude. Nous continuons à citer :

« Le teskéré de cinq millions a été remis à M. Benaïad en payement de trois comptes, comme il l'avoue lui-même, consistant en différentes fournitures qu'il *devait faire* pour le service du Gouvernement, et contre les teskérés de Son Altesse; teskérés que M. Benaïad prenait des mains des porteurs en *leur donnant en échange des teskérés signés par lui ou par ses agents.*

« Une fois que M. Benaïad *a eu régularisé ses comptes avec le Gouvernement* et pris en payement cette délégation, ses agents, *par son ordre, se refusèrent obstinément d'acquitter les teskérés signés par lui* ou par ses agents; par conséquent, les porteurs se trouvèrent obligés de rapporter les teskérés à Son Altesse, en lui déclarant ce que l'on vient de lire plus haut. Son Altesse ayant *eu connaissance de ce qui s'était passé*, a ordonné de suspendre le payement de cette délégation *jusqu'à ce que l'on eût fait le compte de tous les teskerés* passés dans les comptes de M. Benaïad avec le Gouvernement, et *non acquittés par ce premier* pour les déduire du capital.

« Ainsi, en admettant que le transport allégué par M. Benaïad comme fait à la maison Perier frères, soit réel et sérieux, Son Altesse ne pourrait évidemment être tenue à en subir l'exécution dès lors que le cédant n'a pas rempli les obligations auxquelles étaient attachées les concessions qui ont été l'objet de son transport. Ainsi que nous l'avons déjà dit, il est de principe incontestable que le cédant ne peut transporter à son concessionnaire que les droits qu'il a lui-même. Or M. Benaïad a été déchu de ceux qui lui ont été accordés par le teskéré de Son Altesse, *en ne remplissant pas les obligations qui s'y rattachaient.* »

En lisant tout ce tissu d'infamantes inventions, le général Benaïad cherchait, non sans curiosité, quel nom en avait pu accepter la responsabilité. Il a bien vu que la note parle souvent de son signataire, mais il a eu beau en explorer le texte, ni implicitement ni explicitement, ni au commencement, ni au milieu, ni à la fin, il n'a pu découvrir la trace de ce signataire. Il est, à cet égard, réduit aux conjectures.

Voilà donc toute la ressource, toute la défense des agents de Tunis. On leur montre les titres, on leur produit les actes, les règlements, les billets, les signatures; on leur cite les comptes débattus, arrêtés, approuvés; ils ferment les yeux, ils se bouchent les oreilles et se bornent à crier machinalement : au félon, au fraudeur, au voleur!

Le général Benaïad pourrait s'arrêter à ces premières observations. Une cause ainsi défendue est jugée et dans ses procédés et dans ses défenseurs.

Mais maintenant que l'honneur est en jeu, il ne peut convenir au général Benaïad de laisser à la calomnie le refuge de son dédain. On la lui a jetée, il la ramasse. Il ira droit à elle et ne lui veut rien épargner de la confusion qu'elle mérite. Il ne peut pas lui convenir d'attendre ou de défier des preuves qu'elle ne donnera jamais; il veut la confondre avec celles qu'il possède.

La commission se rappelle comment se décomposent les 17 099 866,12 négociés à MM. Fould-Pastré. 4 099 866,12 étaient la propriété antérieure et incontestée du général Benaïad; 13 000 000 formaient dans cette première affaire l'apport du Gouvernement tunisien.

Le général Benaïad fait observer d'abord que la réponse tunisienne garde le silence le plus éloquent sur les huit millions réclamés dans leur première note par les agents de Tunis, en vertu du fameux reçu de zilcade 1264. Le signataire anonyme passe donc condamnation sur cet article. Malgré tout son courage, il n'ose donc plus en parler. Il avoue donc implicitement que ses comptes sont fabriqués avec assez de distraction pour y glisser en un seul chiffre un léger double emploi de 8 000 000 sur 13 ! et ce cas malheureux ne lui impose pas quelque réserve dans ses clameurs de vol et de dol et de mauvaise foi. Que dirait-il s'il pouvait opposer au général Benaïad des irrégularités de cette force et de cette nature? Les agents du Gouvernement tunisien ont donc cherché à se prévaloir d'un reçu annulé de 8 000 000, et la plus simple inspection de la comptabilité devait leur prouver que ce reçu n'avait pas de valeur. Ils ont cherché à se prévaloir de ce reçu et ils savaient ou devaient savoir que ce reçu était nul. Le kasnadar en était dépositaire; ils ne peuvent le tenir que des mains du kasnadar, et le kasnadar, en djoumad-el-aoual 1268 (1852), déclarait et signait « que ce reçu s'était égaré, et que s'il paraissait, il devait être considéré comme non avenu. » On peut mesurer à ce fait, et on ne se trompera point, la consistance et la sûreté des assertions des agents tunisiens.

Mais après cette chute au moins fallait-il éviter les rechutes, et ne point se faire de ces moyens plus que hasardeux et compromettants une habitude, tout un système que dès lors il ne serait plus possible de mettre sur le compte de l'erreur ou de la distraction.

Or, le général Benaïad a déjà fait remarquer le double crime qu'on lui impute à propos de l'emploi des 13 000 000. D'un côté il ne versait pas dans les magasins du Gouvernement les revenus en grains qu'il percevait pour lui; de l'autre, pour parer aux déficit qu'il avait ainsi créés, il se faisait donner des ordres d'achat dont il touchait l'argent et qu'il n'exécutait point.

Alors comment s'opérait le service? Insuffisance ou vol, il y avait *déficit*, les deux parties sont d'accord sur ce point. Comment ce déficit a-t-il été comblé? Est-ce avec les grains préalablement volés? Non, puisqu'on en réclame la restitution. Dès ce moment ce ne peut plus être qu'avec les grains achetés pour y pourvoir. Non encore, puisqu'on prétend qu'ils n'ont pas été versés. Comment donc a été nourrie l'armée? ou elle est morte de faim ou le signataire anonyme de la note n'est qu'un absurde calomniateur. La calomnie elle-même n'est pas dispensée de s'accommoder avec la vraisemblance.

Le général Benaïad conçoit que l'inventeur de ces merveilles ait eu la pudeur et la prudence de s'abstenir de les signer.

Et les ministres du Bey, et plus spécialement ceux dont la charge était de surveiller et de contrôler les opérations du général Benaïad, ils étaient donc ses complices? Ils lui permettaient donc de faire croire au Bey que ses magasins étaient vides quand ils devaient être pleins? Ils lui permettaient donc de présenter des écritures fausses; ils souffraient donc qu'il prouvât au Bey avoir versé des 30 000 cafis de grains dont il n'avait pas livré une mesure; ils remettaient donc le salut du trône, un soulèvement de l'armée affamée à la merci d'un fournisseur infidèle? Ne voulaient-ils pas voir ou ne voyaient-ils pas? dans le premier cas, trahison; dans le second, effroyable incapacité, imbécillité sans limites. Dans l'un ou l'autre cas, ils sont aussi coupables que le général Benaïad ; ils ont forfait à leur devoir; si elles sont vraies, chacune de leurs accusations contre lui retombe sur eux-mêmes, et il ne leur reste qu'à aller aux genoux du prince confesser leur propre indignité.

Par bonheur pour la vérité, la calomnie ne pense pas à tout et s'empoisonne bien souvent avec les armes qu'elle emploie.

Pour donc que les agents tunisiens parviennent à donner quelque apparence à ces noires absurdités, il faut d'abord qu'ils fassent admettre le miracle de l'armée entretenue et alimentée avec des magasins vides. Il faut aussi qu'ils fassent admettre l'inaptitude profonde du prince, l'inertie lâche ou la perfidie de ses conseillers.

Ce n'est pas tout. Dans l'aveuglement de leur passion et le désespoir de leur cause, les agents tunisiens vont jusqu'à contester au général Benaïad la légitime possession des 13 000 000 dont il s'agit, par la raison que les fournitures de grains corrélatives à l'emploi de ces valeurs n'auraient point été effectuées. Non, non, le général Benaïad aime à le proclamer, le Bey de Tunis ne connaît ni n'avoue ce langage, qui serait une atteinte à sa foi et à son honneur. Mais aux ministres qui le dictent, le général Benaïad affirme directement et que ces versements ont été opérés, et qu'ils le savent et qu'ils en ont la certitude. Les comptes du Gouvernement, les registres du palais, signés à la fois par le Bey et le général Benaïad, ne l'attestent pas seuls; le bon sens, l'évidence, la nature des choses l'attestent de leur côté. Il n'est pas un ministre du Bey qui n'en ait la conscience et sous la main la preuve. Cette preuve faut-il la répéter?

Cette preuve, elle est d'abord dans les marchés eux-mêmes de 1264 et de 1266, dans l'acte de ces marchés, imposant au général Benaïad l'obligation étroite et nécessaire de verser ces grains dans le courant de l'année *et d'en fournir la preuve*, puisque l'achat avait pour but de parer au déficit de cette même année[1]. Elle est dans le règlement de compte arrêté et signé par le Bey en rejeb 1267, portant règlement du compte de blés du général Benaïad pendant les années 1265-66-67[2]. Dans ce règlement sont mentionnés expressément, spécialement et à part « *le froment acheté par son entremise* et LA LIVRAISON *qu'il en a faite* PENDANT LE SUSDIT TEMPS; » elle est dans cette même ordonnance constatant que toutes les parties de ce compte sont portées en détail sur les registres du palais, article par article; elle est dans l'ordonnance de sfar 1268, réglant dans des termes analogues le compte d'orge du général Benaïad pour 1265-66-67[3]; elle est dans l'amra du 1er sfar 1267[4], l'autorisant à se payer de 5 375 000 piastres, 2 000 000 d'un côté, 3 375 000 piastres de l'autre sur le produit de la négociation Fould-Pastré, pour prix des grains qui lui ont été achetés depuis plus de trois ans pour la première fourniture, et pour l'autre depuis dix-neuf mois. Elle est encore dans cet article d'un autre compte qui n'a pas été produit jusqu'ici et sur lequel nous aurons plus tard à revenir[5].

« Montant de *ce qu'il a payé pour coût* de blé et d'orge que nous *lui avons acheté* par nos ordonnances qui se trouvent entre ses mains. Cette somme est *en dehors* de celle que nous lui avons *payée* en teskérés d'huiles — 1 375 000 piastres[6]. »

1. Pièce justificative n° 32, de la *Réponse du général Benaïad à la Note tunisienne*, etc.
2. Même écrit, pièce justificative n° 31.
3. *Idem*. Pièce justificative n° 36.
4. *Idem*. Pièce justificative n° 12.
5. Voir, à la suite du présent écrit, pièce justificative, n° 2.
6. Les deux marchés précités de 1264 et 1266 pour fournitures de grains étaient passés pour la même quantité et le même

Cette preuve, elle est encore réitérée par cette déclaration signée du Bey et faisant partie de cette même pièce.

« Le présent teskéré est entre les mains du général Mahmoud Benaïad. Nous avons réglé notre compte avec lui relativement à ses dépenses et à ses recettes, etc.

« Le montant de la somme qui lui reste due s'élève à 3 886 332 $\frac{1}{4}$ que nous autorisons notre cher fils le kasnadar à lui payer, et ceci *est en dehors* de 13 048 053 $\frac{1}{2}$ piastres[1] qu'il a reçues de nous en permis d'huile et dont il nous rendra compte conformément aux conventions intervenues entre nous et lui à ce sujet.

« 29 rabi-el-aoual 1267. »

Ainsi, en dehors des 5 375 000 piastres auxquelles il avait été pourvu par l'émission des 13 000 000 de permis de sortie, le Bey se reconnaissait encore débiteur envers le général Benaïad de 1 375 000 piastres *pour le coût* du blé et de l'orge qu'il lui avait achetés. Il ordonnançait lui-même cette somme au profit du général Benaïad. Il déclarait que l'émission des 13 000 000 avait été donnée en *payement* du surplus de cette fourniture, qu'elle était en dehors. En dehors aussi, il se reconnaissait débiteur d'une somme de 3 886 332 piastres, et le général Benaïad dont on constate et sanctionne de nouveau les titres à la possession des 13 000 000, n'aurait rempli aucune des conditions des contrats depuis longtemps échus! La réalisation du payement ne suit que de loin l'échéance du contrat, et on vient nous dire qu'on a payé sans savoir si le contrat a été exécuté; et ce contrat il est une question de famine; il est la vie ou la mort de l'armée de l'État!

Les agents tunisiens ont bien senti qu'ils seraient écrasés par cette unanimité des comptes, des constatations, des quittances et des titres officiels. Ils n'ont pas hésité, pour échapper à cet embarras prévu, à jeter le discrédit sur les actes et l'irrévérence sur le caractère du souverain. C'est un prince sans volonté, qui ne sait pas, qui ne voit pas, qui ne connaît rien de ses affaires, qui se laisse attraper aux paroles, jusque-là de payer deux fois ce qu'il n'a pas reçu une seule. Au Bey seul toute la responsabilité. Les ministres n'y sont pour rien; ils s'en lavent les mains; ce pauvre Bey! voilà où l'a conduit « une confiance *excessive*. » Et les agents tunisiens n'ont pas l'air de s'apercevoir que, pour obéir aux nécessités et aux fictions de leur système, ils tracent de leur maître le portrait non d'un souverain, mais d'une dupe de comédie! Mieux vaudrait un sage ennemi.

prix chacun, savoir :

15 000	cafis de blé à 150 piastres le cafis, formant la somme de	2 000 000 piastres.
15 000	cafis d'orge à 75 piastres le cafis, formant	1 375 000
	Total du prix de chaque fourniture	3 375 000 piastres.
	ou pour les deux fournitures	6 750 000

Cependant l'amra régulateur de sfar 1267 ne règle ces deux fournitures que pour 5 375 000 piastres, savoir :

2 000 000 pour la fourniture de 1264,
3 375 000 pour celle de 1266.

Le surplus en effet, ou l'appoint de 1 375 000 piastres, s'en réglait par le compte de rabi-el-aoual 1267; et c'est ainsi que tous les comptes s'accordent, et concourent à prouver l'achat et la livraison des grains à fournir par les deux marchés de 1264 et de 1266.

1. Il s'agit des 13 000 000 de teskérés, objet du débat actuel; que si on s'étonnait que la somme fût mentionnée ici pour 13 048 053 1/2 piastres, au lieu des 13 000 000 portés dans l'amra de sfar 1267, ce qui, en effet, constitue une différence apparente dans les chiffres, l'explication en serait simple.

Dans la perception des permis de sortie d'huile, il y a une redevance à payer à certains officiers du Bey. Par les conditions entre les parties ces frais étaient à la charge du Bey qui, comme le porte l'amra de 1267, devait la remise des permis de sortie *nette de tous droits et frais, même ceux de notaire*. Les 48 053 1/2 piastres sont la représentation de ces charges et le chiffre d'accord par lequel le Bey s'en libérait envers le général Benaïad.

Dès lors c'est au général Benaïad à défendre la personne et le caractère du Bey contre ces abaissements et ces atteintes. Non, le Bey n'est ni incapable de compter, ni ridicule, ni déplorablement crédule, comme les agents tunisiens se complaisent à le représenter. Il n'a pas été trompé, il ne s'est pas laissé tromper. Et puisque les actes et les écrits du Bey ne leur suffisent pas, puisqu'ils les contestent et les suspectent, puisqu'il y faut une caution, cette caution le général Benaïad la possède, il la fournira; il l'a déjà fournie.

Les ministres du Bey accorderont facilement au général Benaïad, que, si ce prince était aveugle, eux ils ne l'étaient pas; que si le Bey poussait jusqu'à l'*excès* sa confiance dans le général Benaïad, ils n'étaient pas atteints de cette infirmité; que si le Bey ne comptait pas, eux ils savaient compter. Ils accorderont au général Benaïad qu'ils remplissaient leurs devoirs, qu'ils exerçaient le contrôle qui leur était personnellement dévolu, qu'ils n'engageaient qu'à bon escient leur signature et leur responsabilité. S'ils ne croient pas au Bey, au moins doivent-ils croire en eux-mêmes. Or, après les comptes de grains arrêtés et les livraisons constatées par le Bey en personne, après les trois premiers amras aliénant les 13 000 000 de teskérés et les concédant au général Benaïad, après le dernier amra de sfar 1267 déterminant l'emploi de ces valeurs, reconnaissant de nouveau et payant la dette contractée pour ces fournitures envers le général Benaïad; — l'année 1268, l'année suivante, après ce nouvel intervalle pour la réflexion et la vérification, le premier ministre des finances, le ministre spécialement chargé de ces comptabilités, le kasnadar répète, affirme, accepte au nom de sa responsabilité personnelle la quittance du Bey par cette autre quittance explicite, entière, générale, absolue :

« S'il paraît des reçus de permis d'huile *cédés* par le général Benaïad, ayant *une date antérieure à celle de l'ordonnance de sfar* 1267, *on ne peut lui en réclamer le montant à raison que* TOUS SES COMPTES SONT SOLDÉS et QU'IL EST QUITTE de tous les teskérés qu'il peut avoir jusqu'à la date de cet écrit. »

Tous les teskérés de sortie d'huile d'une date antérieure au 1er sfar 1267, c'est-à-dire les 17 099 866 piastres négociées à MM. Fould-Pastré libres de toute dette envers le Gouvernement tunisien et propriété certifiée du général Benaïad, voilà la réponse et le démenti du kasnadar lui-même aux récentes et scandaleuses contestations de ses agents.

Est-il utile désormais de montrer les fragiles équivoques sur lesquelles est construit ce triste échafaudage, dont l'impartialité et le discernement du juge apprécieront le but et la nature? Oui, parce que la loyauté du général Benaïad y est misérablement incriminée.

Pour les 13 millions, le titre du général Benaïad se constitue, se développe, s'explique et se justifie par l'amra de keda 1264, les deux amras de djoumad-el-tani 1266, et l'amra de sfar 1267. Sur ces quatre pièces, le signataire anonyme de la *Réponse* en supprime trois, et il altère le sens et le caractère de la quatrième.

Cette suppression était nécessaire à cette altération.

Toute l'argumentation du signataire anonyme de la *Réponse*, la voici en effet :

L'amra du 1er sfar 1267 était un ordre d'achat de 15 000 cafis de blé et de 15 000 cafis d'orge donné au général Benaïad, et l'allocation en espèces qui lui est accordée est subordonnée à l'exécution de cet achat; or, à la date de cet amra, les approvisionnements étaient assurés par des *engagements antérieurs*, d'où le consciencieux signataire prétend faire tirer la conclusion que, ces quantités de grains n'ayant pas été versées après la date de l'amra de sfar 1267, il n'est rien dû de ce chef au général Benaïad.

Et le général Benaïad sentait si bien que cet amra témoignait contre lui, qu'il en a *soigneusement altéré* le texte, qu'il en a retranché une phrase écrasante; mais il sera confondu dans son *infidélité*, et, avec la véhémence de la pureté courroucée, on le *somme* d'avoir à déposer entre les mains de la commission l'original de cet amra.

On ne sait ce qu'on doit le plus admirer de tant de naïveté ou de tant de hardiesse.

L'ordre d'achat des 15 000 cafis de blé et 15 000 cafis d'orge dont on argumente, il datait non de l'amra du 1er sfar 1267, mais de l'amra du 22 djoumad-el-tani 1266. Il avait pour titre : 1° le marché contracté l'an et le jour ci-dessus entre le Bey et le général Benaïad, et constatant que ce dernier en serait couvert en teskérés d'huile; 2° l'amra du même jour créait en conséquence une émission de teskérés d'huile pour une somme de 5 millions. Voilà la date et l'acte de ce marché, comme la date et l'acte du marché précédent sont le contrat et l'amra du 22 keda 1264. Quant à l'amra de sfar 1267, il n'a qu'un seul objet, celui d'approuver et de sanctionner la négociation Fould-Pastré, et d'en distribuer les produits. Il est en même temps la reproduction, le résumé et la confirmation des trois amras qui le précèdent et se rattachent étroitement à cette opération; il rappelle et confirme d'abord la cession de 8 millions de teskérés émis par l'amra de 1264; il rappelle et confirme ensuite la cession de 5 millions émis par l'amra de 1266; puis il confond et résume les deux émissions en un total de 13 millions.

Cela fait, il répète et confirme l'autorisation générale de négocier, objet du troisième amra; il reconnaît que la négociation a été opérée; il l'accepte, l'approuve; il en mentionne les conditions et il y donne son consentement; enfin, rentrant dans les termes et l'objet des deux amras d'émission, il consacre les produits de la négociation reconnue et sanctionnée, à payer : 1° les 2 millions dus en exécution du marché et de l'amra de 1264; 2° les 3 375 000 piastres en exécution du marché et de l'amra de 1266.

Logiquement, pour faire induire qu'un acte de cette teneur et de cette nature était un ordre d'achat *sui generis* et indépendant des précédents, il fallait forcément supprimer les actes auxquels il se rattachait, dont il n'est que la conclusion et en quelque sorte la dépendance; logiquement encore, il fallait ensuite dénaturer, sophistiquer, falsifier le sens et la sincérité de cet acte. Le signataire anonyme de la *Réponse* a fait placidement l'un et l'autre.

Reste encore la terrible phrase soi-disant altérée et la foudroyante sommation dont elle est accompagnée. Quant à la sommation, le général Benaïad y défère humblement et plus amplement qu'on ne le demande. Il met à la disposition de la commission l'original non pas seulement d'un des amras, mais des quatre amras relatifs à cette affaire. Quant à cette phrase triomphale qui couronne l'infamie du général Benaïad, qui en fait un traducteur infidèle, un altérateur de textes, il dira avec dégoût à ce signataire anonyme si ardent à la diffamation, si abandonné dans la calomnie, qu'encore ici et dans le cas spécial c'est lui-même qui est le traducteur infidèle et l'altérateur de la parole écrite. La phrase qu'il cite ne veut pas plus dire ce qu'il lui fait dire que l'amra dont elle fait partie ne signifie ce qu'il a voulu lui faire signifier. Cette phrase, dans sa translation le traducteur du général Benaïad l'avait négligée comme étant sans valeur. Elle l'est; la voici rétablie dans son cadre avec tout le paragraphe dont elle fait partie :

« Nous l'avons autorisé de défalquer en outre de cette somme 3 375 000 piastres pour prix de 15 000 cafis de blé et de 15 000 cafis d'orge comme cela est mentionné dans notre amra qui est entre ses mains, et *lui ordonne de verser cette quantité à la Rabta, et d'en faire compte dans son compte à la Rabta.* »

Les paroles soulignées composent la phrase négligée comme inutile dans le texte du général et si bien interprétée par le signataire anonyme.

Laissons cela. Est-ce que ce sens n'est pas le sens raisonnable, évident et de la phrase même et de l'amra tout entier? Quand même dans le texte arabe il serait ce qu'il n'est pas, obscur, est-ce qu'il ne ressortirait pas de la nature des faits, de la destination et de la spécialité des actes? et le système du signataire anonyme lui prête si peu de ressources qu'il est réduit à cette extrémité de bâtir sur cette pointe d'aiguille l'immorale dénégation d'une dette de 5 375 000 piastres, fondée sur des titres publics, réitérés, et la signature de son souverain.

Mais ces altérations des actes ne se bornent point là. On lit en effet dans la même note, à la suite des passages dont il vient d'être parlé :

« C'est donc pour surabonder dans nos droits que nous allons dire quelques mots de ce qui touche le placement de la banque, mentionné dans le susdit amra.

« Dans les conditions faites à M. Benaïad par le même *amra*, *nous trouvons celle de garder à la banque, ou les teskérés* (primes) *qui lui sont concédés ou leur équivalent en numéraire.*

« Quand Son Altesse *a eu connaissance de la décision prise par M. Benaïad*, *elle a ordonné de vérifier s'il se trouvait à la banque les permis d'huile, ou leur* ÉQUIVALENT *en numéraire*, ainsi que M. Benaïad s'était obligé de les y déposer.

« Rien n'ayant été trouvé, ni permis, ni numéraire, Son Altesse a ordonné de réunir tous les permis d'huile qui se trouvaient entre les mains des négociants établis à Tunis, de les viser nouvellement, pour ne pas arrêter leurs opérations commerciales; mais en même temps elle s'est refusée à laisser continuer l'opération sur les autres permis jusqu'à ce que M. Benaïad ait *réparé ses torts et préjudices* envers le Gouvernement de Son Altesse. »

Ainsi selon le rédacteur de la réponse tunisienne, *l'amra de sfar* 1267 obligeait le général Benaïad à garder à la banque, ou les teskérés de sortie d'huile, ou le numéraire qui en était l'équivalent. Vérification faite, on n'a pas trouvé ces valeurs dans les caisses, et c'est pour réparation des prétendus *torts et préjudices* résultant de ce fait, que le Gouvernement tunisien aurait fermé la banque et suspendu la perception des permis de sortie d'huile négociés à MM. Fould et Pastré! L'amra de 1267 ne contient rien de semblable à l'obligation dont on veut se faire un prétexte. Non-seulement cela n'est pas, mais encore cela ne pouvait pas être.

Le seul amra qui stipule cette obligation est le premier des quatre ci-dessus indiqués, celui de keda 1264. Mais cette combinaison n'ayant pas réussi, les 8 millions de permis d'huile dont il disposait concoururent, comme on sait, à former le montant des 13 millions que le Bey voulait faire négocier à Paris par l'entremise du général Benaïad. Or comment l'amra de 1267, qui approuvait cette négociation, aurait-il en même temps imposé au général Benaïad l'obligation de les garder? Pour les garder, il ne fallait pas les avoir négociés; pour les négocier, il ne fallait pas les garder. Comment, d'un autre côté, pouvait-il ordonner au général Benaïad de déposer le numéraire équivalent des teskérés, puisqu'il en disposait pour faire face aux engagements déjà contractés! Quand donc le Gouvernement tunisien allait chercher à la banque ou les 13 millions de permis de sortie d'huile, ou le numéraire produit de la négociation, il savait que par l'effet de ses pleins pouvoirs et de *son consentement*, ces teskérés avaient été vendus; quand il allait chercher le produit de la négociation dans les caisses de la banque, il savait qu'il en avait disposé; quand il s'opposait ensuite au remboursement de ces valeurs, il manquait à ses engagements, plusieurs fois reconnus et sanctionnés; il faisait la plus incroyable des querelles pour colorer les violences et les spoliations qu'il avait résolues, et en voyant à quels moyens il a été réduit pour arriver à ce but, il faut avouer qu'il était bien pauvre de griefs envers le général Benaïad.

Il faut donc, dès à présent, écarter comme indignes de la morale, de la bonne foi, de la justice du haut tribunal devant qui l'on discute, et tout aussi indignes du Gouvernement pour lequel on discute, et ces dénis des faits les plus constants, et ces dénaturations de pièces qui donnent à cette affaire un caractère si affligeant. Oui le général Benaïad a exécuté les deux marchés dont le payement lui est assigné par l'amra de 1267; oui le Gouvernement tunisien a reçu et les quantités de blé et les quantités d'orge dont le signataire anonyme ose nier la réception, ou il n'y a plus de preuves ni de quittances valables dans ce monde. Mais le signataire anonyme a deux cordes à son arc; il n'est pas, avec raison, si certain de son premier argument, qu'il ne sente la nécessité d'en présenter un autre.

Si le général Benaïad a versé les grains qu'on lui a achetés, du moins est-il débiteur envers le Gouvernement tunisien, d'une quantité de grains bien supérieure à celle des versements qu'il a effectués, et encore par cette fin de non-recevoir, le Gouvernement tunisien a le droit de ne rien reconnaître des sommes qu'il lui a délivrées en permis de sortie d'huile.

Ce moyen s'étend à la fois aux valeurs de la négociation Fould-Pastré et à celle de la négociation Donon et comp., avec cette différence toutefois pour celles-ci qu'on n'aperçoit point qu'il soit prétendu, comme pour les marchés précédents, que les grains objet de ce contrat n'ont pas été versés dans les magasins de l'État.

Mais dans l'un et l'autre cas, par l'exécution du marché de 1264, celle du marché de 1266 et encore par celle de 1268, le général Benaïad n'a fait que s'acquitter de quantités beaucoup plus considérables dont il était redevable envers le Gouvernement tunisien, auquel il en dissimulait la recette et l'existence.

Tout ce second échappatoire est bâti sur cette autre assertion : Le général Benaïad n'avait qu'à se présenter au Bey et lui dire : Il n'y a plus de blé, il n'y a plus d'orge. Le Bey « le croyait naturellement sur parole. » Ce qui fit qu'après le départ du général, après « *sa fuite*, » comme dit avec tant de goût et de loyauté le signataire anonyme, on a découvert que lorsque le général Benaïad se faisait ordonner d'acheter des grains, le Gouvernement en avait sa suffisance. Le général Benaïad mentait et volait. C'est établi, dit hardiment le signataire anonyme, « soit dans les comptes soit dans la note que nous avons eu l'honneur de présenter à S. Exc. M. le ministre des affaires étrangères. »

Quels sont ces comptes? où sont-ils? d'où sortent-ils? où les produit-on? Le signataire anonyme se retranche là-dessus derrière des généralités. Il parle de comptes, mais il se garde bien de les désigner directement et surtout de les fournir. On indique toutefois la première note communiquée à M. le ministre des affaires étrangères? Entendrait-on par hasard revenir à l'invention du fameux reliquat de seize cent mille hectolitres de grains, sur les 177 000 cafis de blé et les 134 000 cafis d'orge? Et voici maintenant que cette fabuleuse prétention serait établie par quoi? par les chiffres de fantaisie qu'il a plu au Gouvernement tunisien de grouper sans une preuve, sans une pièce à l'appui! Pour l'honneur de la vraisemblance et du bon sens, le général Benaïad ne veut pas supposer qu'on persiste dans cette fable monstrueuse. Il faut que les agents tunisiens l'enterrent silencieusement à côté du reçu de 8 millions de zilcade 1264.

Le général Benaïad a donc été cru sur parole. Et voilà sur quel prétexte on prétend échapper aux titres, aux faits, aux quittances dont il accable ses adversaires! Or le général Benaïad affirme qu'aucun ministre à Tunis ne peut présenter et n'a jamais présenté une comptabilité de ses opérations plus explicite, plus nette, plus détaillée et plus régulière que la sienne. Et ce qu'il avance ici, il l'a déjà prouvé. Il a produit ses comptes examinés, régularisés, approuvés et signés par le Bey, non-seulement pour tout le temps de sa gestion, mais encore pour celle de son père. Ces comptes ne se bornent point à mentionner le solde et la balance de chacun d'eux. Chacun des règlements du Bey atteste encore qu'ils ont été vérifiés détail par détail, article par article; est-ce là s'en rapporter à la parole d'un comptable?

L'établissement de la dîme à percevoir sur les récoltes s'opère directement par les agents du Bey. Ceux-ci se rendent dans les districts. Sur l'inspection des récoltes, ils déterminent la quantité des grains que doit payer chaque contribuable; ils forment ensuite un état nominatif et général par district de la contribution imposée à chacun, et, par la réunion de tous ces états, le Bey connaît le total du revenu en grains à recevoir pendant l'année. Il signe, légalise chacun de ces états, et c'est alors, et alors seulement, que commence l'intervention du fermier de la Rabta, c'est-à-dire l'œuvre de la perception.

Le général a donné reçu de tout le blé et de tout l'orge perçus. Qu'on exhibe ses reçus. Si on lui porte plus de reçus qu'il n'a porté de blé, il est prêt à payer la différence. Est-ce assez décisif?

Maintenant que l'on connaît ces faits, qui ne seront pas niés parce qu'ils ne peuvent l'être, comprend-on le système qui consiste à faire fabriquer par le général Benaïad des *déficit* fictifs et frauduleux pour qu'on lui donne des ordres d'achat pour lesquels il lui fallait débourser son argent et recevoir en papier des valeurs à une échéance de 15 ou 20 ans, par exemple les 10 millions de la négociation Donon? Ces achats, il ne les provoquait point; il s'en défendait tant qu'il pouvait, car ils engageaient et compromettaient sa fortune dans des finances plus que précaires; et l'événement lui prouve aujourd'hui, plus encore qu'il n'eût pu le prévoir, combien ses appréhensions étaient fondées. Car, s'il craignait des embarras futurs, jamais son esprit ne fût allé jusqu'à supposer la négation des dettes les plus authentiques, des avances qu'il a faites pour donner du pain à la population et à l'armée.

Cependant le Gouvernement tunisien ne s'est pas laissé tomber une fois dans le piége misérable de ces *déficit* mensongers, il s'y serait fait prendre trois fois, en 1264, en 1266, en 1268; bien plus il sollicitait une quatrième fois avec ferveur de s'y faire prendre encore, et c'est le menteur, le voleur, le félon qui s'y est refusé. Le général Benaïad, dans sa première réponse, a déjà cité sur ce fait la correspondance du kasnadar. La commission a lu ses paroles de détresse[1], détresse au secours de laquelle le général Benaïad était venu trois fois. On a lu ces instances et ces confidences. Est-ce là le langage d'un volé à un voleur? Est-ce là le langage d'un créancier à un débiteur? Le kasnadar trompait-il aussi le Bey? Fabriquait-il aussi des *déficit?* Ces déficit, fiction prétendue du général Benaïad, ne se sont-ils pas continués après « *la fuite* » du général Benaïad?

Non; il n'y a rien de vraisemblable, il n'y a rien de vrai, il n'y a rien de possible dans ces deux assertions des agents tunisiens :

Le général Benaïad n'a point livré les grains qu'on lui a achetés et payés;

Le général Benaïad les eût-il versés, bien loin d'avoir droit à en toucher le prix, serait encore, en vertu des comptes du Gouvernement tunisien, débiteur envers ce Gouvernement.

Ces deux assertions, elles se présentent sans l'ombre d'une preuve, sur parole, pour nous servir d'une des expressions de la note anonyme. Le général Benaïad accusé, diffamé, indigné à ces

1. *Réponse du général Benaïad à la note tunisienne*, etc., p. 49.

noirceurs sans preuve, ne répond qu'avec des preuves. Les comptes, ils existent, ils sont traduits, ils sont sous les yeux de la commission, les originaux sont à ses ordres. Ces comptes, ils embrassent une succession non interrompue de douze ans, ils portent les caractères de la régularité, de l'authenticité les plus incontestables; ils sont titres, ils sont quittances, ils sont vérité jusqu'à l'inscription de faux. On ne leur oppose rien, on ne leur opposera rien, on ne peut rien leur opposer que des fables, dernière ressource d'une cause qui a besoin d'obscurcir et de masquer les questions. Les titres, ils demeurent en eux-mêmes incontestés, ils ont l'investiture du sceau souverain et de la foi publique; ils se confirment et se sanctionnent l'un par l'autre. Ou il faut reconnaître la validité de tels actes, ou il faut proclamer qu'il n'y a plus de contrats possibles avec la force et la puissance; mais en acceptant la loi de la justice française et de son chef la force et la puissance se sont soumises à l'empire du droit.

TESKÉRÉ OU MANDAT AU PORTEUR DE 5 MILLIONS SUR LA FERME DES CUIRS.

NÉGOCIATION PÉRIER FRÈRES.

Le 20 rabi-el-tani 1268 (mars 1852), peu de temps avant le dernier départ du général Benaïad (mai 1852), le Bey, faute d'espèces, règle diverses sommes dues au général en un mandat au porteur de 5 000 000 piastres sur la ferme des cuirs, payable en quatre annuités de 1 250 000 piastres chacune.

Cette dette est constatée et détaillée en trois comptes distincts qui la font monter à un total de 4 845 718 piastres.

Pour former l'appoint des 5 millions, le général Benaïad souscrit au Bey son obligation personnelle de 154 282 piastres.

Ces comptes constatent que la dette du Gouvernement tunisien est constituée par des fournitures faites pour l'habillement et l'équipement des troupes, de matériaux et marchandises diverses livrés pour les palais du Bey, d'avances en espèces pour le service du Gouvernement et de l'armée, etc.; enfin un de ces comptes se compose uniquement des dettes personnelles à Son Altesse dont le payement avait été effectué par le général Benaïad.

La traduction de ces trois comptes, certifiée par M. Desgranges, premier secrétaire interprète de l'Empereur pour les langues orientales, est annexé à ce travail comme pièce justificative[1].

Le premier de ces comptes, en date du 27 rejeb 1267 (mai 1851), porte la déclaration suivante signée par le Bey :

« On tiendra compte à notre cher et illustre fils, le général Benaïad, de la somme de 775 492 $\frac{3}{4}$ piastres qu'il a DÉPENSÉE pour les objets ci-dessus mentionnés en détail. *Il nous a soumis les titres ou teskérés* y relatifs, que *nous avons déchirés* APRÈS *les avoir examinés.* »

A la suite du deuxième de ces comptes, Son Altesse s'exprime en ces termes (29 rabi-el-aoual 1267) :

« Le présent teskéré est entre les mains de notre fils, le général Mahmoud Benaïad. Nous avons réglé notre

1. Voir pièces justificatives n° 1-2-3.

compte avec lui relativement à *ses dépenses* et à ses recettes portées ci-dessus, et avons, *après examen, déchiré les teskérés* DE SES DÉPENSES.

« Le montant de la somme *qui lui reste due* s'élève à 3 886 332 ½ piastres tunisiennes, *que nous autorisons notre cher fils kasnadar à lui payer*, et ceci est en dehors de 13 048 053 ½ piastres qu'il a reçues de nous en permis d'huile et dont il nous rendra compte conformément aux conventions intervenues entre lui et nous à ce sujet. »

La déclaration du Bey annexée au troisième compte est ainsi conçue (1er djoumad-el-aoual 1267) :

« On tiendra compte à notre illustre fils, le général Benaïad, de la somme de 183 893 ½ piastres spécifiée dans le montant des chiffres ci-dessus que nous avons reçus des mains de notre fils Amet-Aga. »

Chacune de ces trois déclarations est suivie de cette annotation identique :

« Cette somme *a été réglée par le teskéré* de 5 millions de piastres que nous lui avons délivré sur la régie des cuirs, lequel est payable dans l'intervalle de quatre années. Ce teskéré est en date du 20 rabi-el-tani 1268. »

Tel est le titre dont les agents tunisiens nient aujourd'hui la validité.

Le général Benaïad doit encore ici signaler un double emploi dans le genre de celui du reçu relatif aux 8 millions. Les agents tunisiens refusent de payer le mandat au porteur des 5 millions et ils réclament en même temps au général Benaïad son obligation de 154 282 piastres souscrite au Bey comme appoint de ce même mandat au porteur de 5 millions. De cette façon, les agents tunisiens prennent des deux mains : d'abord en ne payant pas le mandat, ensuite en voulant se faire payer d'une obligation qui ne peut-être due qu'après le payement de ce mandat.

Examinons toutefois les raisons des agents tunisiens pour nier une dette aussi bien établie, aussi explicitement reconnue, établie et reconnue non-seulement avant et par le règlement, mais encore après le règlement.

En effet, le Gouvernement tunisien a encore ajouté à tous ces actes, si peu contestables, la sanction nouvelle et dernière d'un commencement d'exécution. La commission sait déjà qu'un à-compte de 130 000 piastres a été versé par le général Farhat, directeur de la ferme des cuirs, en payements divers et successifs et sur la présentation du mandat, à un agent du général Benaïad qui en était porteur.

En effet encore, lorsque le Gouvernement tunisien fulmina en mai 1853 sa circulaire aux consuls pour prohiber la circulation des billets de banque et tout achat nouveau des permis de sortie d'huile livrés au général Benaïad, il garda le silence sur le mandat au porteur des 5 millions, ne le comprenant point dans les valeurs sur lesquelles il prétendait jeter son interdit.

Le Gouvernement tunisien allait encore plus loin. Il argumentait de ce mandat au porteur pour prétendre que, moyennant ce règlement et par ce règlement, il s'était libéré de toutes ses dettes antérieures envers le général Benaïad.

En conséquence, cette déclaration du Gouvernement tunisien était constatée en ces termes par M. le chargé d'affaires, consul général de France à Tunis, dans sa dépêche du 18 mai 1853 :

« LA PIÈCE N° 5 RELATIVE AUX CINQ MILLIONS DUS A SIDI-MAHMOUD *par la ferme des cuirs*, CONSTATE, SUIVANT LE « BEY, *que le Gouvernement tunisien ne devait plus rien au général* APRÈS CE RÈGLEMENT DE COMPTE. »

Suivant le Bey et suivant le témoignage que rend de ses paroles M. le consul général, ce mandat de 5 millions sur la ferme des cuirs *était donc dû* à Mahmoud Benaïad, et, comme il a déjà été dit, on se faisait un argument de l'existence de cette dette, pour soutenir qu'il n'y en avait pas d'autre.

Malgré tant de preuves accablantes et de circonstances concordantes, multipliées, les agents de Tunis basent aujourd'hui leur tardif déni sur ces motifs :

Le général Benaïad aurait bien retiré les teskérés du Bey, objet et justification de cette dette; il s'en serait servi pour faire régulariser ses comptes et obtenir la signature de l'engagement au porteur. Mais il aurait échangé avec les porteurs des teskérés du Bey ses propres délégations sur ses agents; ceux-ci auraient reçu ordre de ne pas les acquitter, et la connaissance de ces faits ignobles étant parvenue à Son Altesse, il aurait donné ordre de *suspendre* le payement de la délégation sur la ferme des cuirs, jusqu'à ce qu'on eût fait le compte de tous les teskérés du Bey laissés en souffrance par le général Benaïad, pour les déduire du capital.

De ce premier point, les agents tunisiens tirent cette conclusion assez inattendue, « que M. Benaïad a été déchu des droits qui lui ont été accordés par le teskéré (le mandat) de Son Altesse, en ne remplissant pas les obligations qui s'y rattachaient. »

Comme on le voit, c'est toujours et partout la même odieuse persistance dans les mêmes accusations de dol et de vol contre le général Benaïad.

D'abord, quand on ose, avec la certitude de leur fausseté, de semblables imputations, au moins faudrait-il commencer par ne point se contredire soi-même.

C'est un nouveau système qu'on nous présente ici; et c'est le troisième. Nous venons de voir celui dont on s'armait auprès de M. le consul général, au moment de la rupture, le 18 mai 1853. Mais quand, en 1854, il fallait compter, pour le mandat, avec MM. Périer frères qui en étaient porteurs, et avaient envoyé à Tunis un des membres de leur maison, M. Le Lasseur, pour en opérer le recouvrement, le Gouvernement tunisien se ravise; devant M. Le Lasseur et M. le consul général, qui a sa première déclaration, il n'ose pas encore contester la réalité de la créance, mais il y prétend opposer une compensation. En conséquence, dans une lettre officielle, adressée au consul général de France, le 2 mars 1854, c'est tout récent, le Gouvernement tunisien se défendait d'exécuter ce payement sous ce prétexte :

« Nous vous avons déjà répondu à cet égard et nous vous confirmons ici notre réponse, à savoir : que ce teskéré rentre dans la somme des réclamations que nous formons contre Mahmoud Benaïad.

« Les *sommes confiées* à Mahmoud Benaïad A TITRE DE DÉPÔT, s'élèvent à un montant supérieur au chiffre de ce teskéré, lequel chiffre (nous le répétons), rentre dans la masse des demandes que nous formulons contre lui. »

Ainsi, le motif qu'on invoquait à Tunis pour s'affranchir de cette obligation n'était pas celui qu'on invoque à Paris; et celui qu'on invoque à Paris n'est plus celui qu'on invoquait à Tunis.

Ainsi, à Tunis, en mai 1853, le mandat au porteur des 5.000 000 sur la ferme des cuirs était dû, si bien dû, que par cela même qu'il était dû, il excluait toute autre dette. Ainsi, à Tunis encore, en mars 1854, par une version toute différente, le général Benaïad était le gardien infidèle d'un dépôt qu'on lui avait confié; et on retenait les 5 millions réclamés par M. Le Lasseur, comme une compensation d'une partie de ce dépôt. Ce prétendu dépôt, il était les 13 millions de teskérés négociés dont on avait absorbé le produit, et cette masse de billets de banque inerte qui sont toujours entre les mains du général Benaïad. A Paris, en juillet, les agents tunisiens voient par la vertu des pièces produites, qu'il n'y a plus moyen de soutenir que les 13 millions de permis d'huile furent un dépôt, que les billets de banque ont disparu. Ils changent une troisième fois de stratégie. Il y a des déductions à faire, des teskérés de fournitures qui ne sont point acquittés. Ceci est une découverte toute récente ; on ne le savait point certainement ni le 2 mars 1854, ni le 18 mai 1853, puisqu'on n'en disait rien. Encore quels sont ces teskérés non acquittés ? A combien se montent-ils ? On s'enferme là-dessus dans des généralités commodes et vagues. Le tout pour arriver péniblement à cette étonnante conséquence : le général Benaïad a laissé en arrière une partie quelconque, petite ou grande, gardée dans l'ombre, des sommes que le Bey lui a réglées, donc il ne lui est rien dû de ces sommes.

Et comment la misère du prétexte pourrait-elle faire un moment illusion ? Voilà des fournitures et des sommes qui devaient être acquittées depuis 1267 au plus tard et on ne s'aperçoit qu'elles ne le sont point qu'en 1270, au moment pressant où cette découverte devient le dernier recours d'une discussion désespérée ! Quant aux sommes payées pour le compte du Bey et aux dépenses faites pour son Gouvernement, il a sa quittance; il le déclare; ses propres bons lui ont été remis par le général Benaïad, il les a déchirés; si quelqu'un reste débiteur envers les tiers, ce n'est pas le Bey qui a retiré et dégagé son obligation, c'est le général Benaïad qui l'a dégagée en échange de la sienne. La dette du Gouvernement est éteinte, que veut-il de plus ? Quant aux prétendus porteurs des assignations soi-disant non payées du général Benaïad, n'ont-ils pas leur recours direct contre lui ? Que n'en usent-ils pas ? Pourquoi depuis près de quatre ans n'ont-ils jamais réclamé auprès de lui ? N'est-il pas suffisamment solvable ? Sa fortune et ses propriétés ne présentent-elles pas assez de surface et en France et à Tunis pour qu'il soit facile de le contraindre à payer ses engagements et à faire honneur à sa signature ? Le général Benaïad affirme qu'il n'est pas un de ces prétendus porteurs, s'il en existait, qui ne préférât posséder son recours sur lui que sur le Gouvernement tunisien.

Quant aux fournitures d'équipement, d'habillement, etc., comment croire que les généraux ou les colonels, ou les officiers, ou les soldats qui venaient avec l'ordre du Bey se faire délivrer des vêtements pour leurs hommes ou pour eux-mêmes, auraient attendu pendant trois ou quatre ans ces vêtements sans dire un mot ! Mais leur nudité elle-même aurait parlé pour eux. C'est un miracle perpétuel que l'imagination des agents tunisiens. Tout à l'heure elle nourrissait les troupes avec des magasins sans blé, et maintenant elle les habille sans leur donner des habillements.

Évidemment, ces variations, ces raisonnements à tout vent, ces assertions sans vraisemblance, ces contradictions flagrantes du jour au lendemain, prouvent que la thèse tunisienne n'est pas soutenable par les simples moyens de l'équité et de la vérité. Elle se prend à toutes les branches et laisse à chacune un lambeau d'elle-même.

Toutefois, le général Benaïad veut mettre encore ici les agents de Tunis au pied du mur. Ils prétendent qu'il est resté de lui quelques bons en arrière des sommes qui sont réglées par le teskéré au porteur, de 5 millions. Qu'ils ne s'en tiennent pas aux paroles; qu'ils présentent ces bons ou les fassent présenter. Le général Benaïad s'oblige devant la commission et le Gouvernement français à les payer tous immédiatement et comptant, et, sans doute, le Gouvernement tunisien devra dès lors s'obliger de son côté à acquitter son engagement et la signature de son souverain.

Le général Benaïad peut prendre et prend cet engagement avec une entière sécurité. Les agents tunisiens n'ont rien, ils n'auront rien, ils ne peuvent rien avoir. Les teskérés du Bey, faisant l'objet des trois comptes en question, ont tous été acquittés avec l'exactitude scrupuleuse que le général Benaïad a mise dans toutes ses relations avec le Gouvernement tunisien.

Il reste démontré par toute cette discussion, trop insistante peut-être, mais nécessaire à l'honneur du général Benaïad, que les efforts peu loyaux, peu moraux des agents tunisiens, pour nier une dette de près de 32 millions de piastres, n'aboutissent qu'à l'impuissance et à leur propre confusion. Pour donner un faux corps à leur système ils sont forcés d'avilir leur souverain, de dénaturer les actes, de contourner les faits, de supprimer les pièces qui les démentent, de chicaner contre des titres publics et authentiques, de dissimuler ou d'ignorer leurs propres écritures et de se retrancher dans les excès d'une calomnie dont les rejaillissements retombent sur eux-mêmes. Ils sont forcés de ne pas reculer sous les yeux des hommes éminents et expérimentés qui sont leurs juges, devant le rôle éclatant de débiteurs de mauvaise foi. La commission est dès à présent à même de prononcer entre la moralité des deux causes. Elle peut apprécier des imputations encore plus misérables que détestables. Il en fallait une explication et une réparation au général Benaïad, car il tient beaucoup plus encore à son honneur qu'aux millions qu'on lui nie. Il demande à la commission qu'il ne puisse point rester un nuage sur cette essentielle question; la France l'a pris au nombre de ses enfants, et il veut que personne ne puisse douter qu'elle s'est augmentée d'un bon citoyen et d'un honnête homme. Il faut qu'il soit bien démontré qu'il n'est pas venu chercher en France et que le Gouvernement français ne lui a pas légèrement accordé le droit d'asile d'un criminel. Il pense en avoir fourni la preuve, et il ne craint pas, et il provoque, et il défie toutes les investigations.

Au reste il espère être mis, par la commission et devant elle, en présence des agents tunisiens; et le général Benaïad attend avec impatience et confiance le jour de cette discussion pièces en main et visage à visage.

LÉGITIMITÉ ET VALIDITÉ DES NÉGOCIATIONS OPÉRÉES.

Fould-Pastré. — Voici en quels termes la réponse tunisienne conteste la validité de la négociation Fould-Pastré :

« Si, comme nous le pensons, nous avons démontré la nullité de la concession portée par l'amra dont il s'agit, comme étant non-seulement dénuée de cause, mais encore sur fausse cause, si nous avons montré aussi clairement que cet amra aurait été dans tous les cas annulé, et qu'il devait être considéré comme non avenu, à raison de la violation faite par M. Benaïad des engagements corrélatifs aux concessions qui y sont faites, nous n'aurons pas de longs raisonnements à faire pour démontrer l'invalidité du transport prétendu fait par M. Benaïad aux honorables maisons Fould, Fould-Oppentheim et Pastré frères. Nous n'entendons cependant rien préjuger par ce que nous venons de dire sur la réalité de ce transport qui ne nous est pas démontrée. Nous allons néanmoins continuer notre raisonnement dans la supposition qu'il existe.

« Le cédant ne pouvant transporter validement à un tiers que les droits qu'il a lui-même et aux conditions auxquelles ils lui ont été concédés, principe de droit commun à tous les pays, les maisons de banque dont on vient de parler, n'auraient, dans tous les cas, d'autres droits auprès de Son Altesse que ceux dont M. Benaïad pourrait se prévaloir lui-même. Elle serait très-certainement fondée à leur opposer de la même exclusion qu'elle aurait opposée à leur cédant.

« C'est comme agent de la maison Pastré frères, à Tunis, représentant elle-même M. Benaïad, que le Gouvernement tunisien a considéré et traité le sieur Mercier, lorsqu'il s'est présenté à ses agents muni d'une quantité de permis d'huile et des billets de la banque.

« Nous observons au sujet de ces billets de la banque que M. Benaïad reconnaît lui-même dans son mémoire (*Deux notes*, p. 4), qu'il ne devait mettre ces billets en circulation qu'à la charge par lui de verser à la banque le numéraire représentant la somme des billets émis. Or, M. Benaïad n'ayant point satisfait à cette obligation, et n'ayant nullement fourni la preuve du contraire qui est bien à sa charge, le Gouvernement de Son Altesse était d'autant plus autorisé à refuser les billets que présentait le sieur Mercier.

« Nous rencontrons ici une contradiction palpable entre ce que porte le même mémoire, page 4, que les billets remis au sieur Mercier l'étaient à titre de dépôt dans ses mains, et la prétention exprimée par cet agent au Gouvernement tunisien, d'être remboursé de la valeur de ces mêmes billets comme appartenant à ses commettants.

« En regard du refus que fit le Gouvernement de Son Altesse, de reconnaître les permis d'huile et les billets de la banque que le sieur Mercier fit protester, nous devons placer l'acte de haute loyauté par lequel Son Altesse, tout en gardant droit de recours contre M. Benaïad, voulut bien accueillir les permis d'huile et les billets présentés par des porteurs connus, comme les ayant acquis sur place, avant que la fraude de M. Benaïad fût découverte.

« Les motifs surabondent conséquemment, parce que le Gouvernement de Son Altesse refuse formellement, comme il le fait, de reconnaître les permis d'huile dont pourraient encore se prévaloir les maisons prétendues cessionnaires. Son Altesse a manifesté clairement son intention à cet égard dans la circulaire qu'elle a fait parvenir à M. le chargé d'affaires et consul général de France, et à MM. les autres consuls généraux dans la régence de Tunis. »

Il y a, dans cette argumentation, quelques faits parasites à la discussion principale. Il faut d'abord les élaguer.

Dans son mémoire déjà mentionné et soumis à la commission, sous le titre : *Réponse du général Benaïad* etc., celui-ci, en ce qui concerne les affaires de la banque, a établi par les actes eux-mêmes les conditions imposées à chaque partie. Il maintient tout ce qu'il y a dit et il s'y réfère. Il a également prouvé d'une façon selon lui décisive, qu'il avait rempli bien au delà des conditions stipulées. Il juge inutile de glaner incidemment sur cette discussion complète. Il y renvoie les agents tunisiens.

Quant aux petits faits relatifs à M. Mercier, agent de la maison Pastré, à Tunis, ils sont assez insignifiants pour ne valoir pas la peine d'être redressés.

Abordons le point principal de la question. Les faits sont connus ; résumons-les rapidement.

Par son amra de djoumad-el-tani 1266, le Bey « autorise le général Benaïad à disposer comme bon lui semblera et en faveur de qui bon lui semblera des amras relatifs à l'huile qui sont entre ses mains. »

Cette autorisation avait pour objet et pour motif la mission confiée au général Benaïad d'aller négocier à Paris les émissions de permis de sortie d'huile formant ensemble 13 000 000. Ce n'est pas contesté.

A Paris, le général Benaïad entre en pourparlers avec les maisons Fould et Fould-Oppenheim et Pastré frères. Il leur communique ses pleins pouvoirs revêtus du sceau de S. A. Il traite avec eux par contrat en date du 27 août 1850, auquel sont annexés ses pleins pouvoirs.

Le négociateur se hâte de communiquer au Gouvernement tunisien la nouvelle de son succès, et le traité contracté.

L'un des contractants, M. Joseph Pastré, se rend immédiatement à Tunis. Il annonce au Gouvernement qu'il vient réclamer la sanction du traité. Il en réclame la ratification officielle entre ses mains.

Le premier ministre du Bey répond que cette ratification, donnée à des maisons françaises, créerait au Gouvernement des difficultés commerciales avec l'Angleterre.

Il est alors convenu que cette ratification, sur laquelle M. Pastré insiste et qu'il exige, sera donnée dans la personne du négociateur, le général Mahmoud Benaïad.

Mais il est pourvu sur-le-champ à une ratification de fait. Les ordres sont donnés pour que les agents des maisons Fould et Fould-Oppenheim et Pastré frères soient mis en immédiate possession de la vente et de la perception des permis de sortie d'huile. Aucun navire ne peut charger des huiles dans aucun des ports de la Régence sans s'être muni de ces permis, achetés aux maisons cessionnaires. Avant le départ de M. Joseph Pastré, il en avait été vendu ainsi une certaine quantité. M. Joseph Pastré dut donc partir, bien certain de l'approbation et de la sanction du Gouvernement tunisien.

En effet, le 1er sfar suivant, le Bey donna sa ratification à toutes les conditions du traité intervenu entre les parties, par un amra dont nous avons plus d'une fois donné l'analyse, et qui disposait en même temps des sommes produites par la négociation.

Après cet amhra, l'exécution du traité continua sous les yeux et avec le concours des autorités tunisiennes jusqu'au mois de mai de l'année 1853, c'est-à-dire jusqu'au moment où le Gouvernement tunisien fit éclater ses violences contre le général Benaïad.

Les sommes perçues de cette façon dans cet intervalle, au nom et pour compte des maisons Fould et Fould-Oppenheim et Pastré frères, s'élèvent environ à 2 400 000 piastres.

Ainsi, autorisation et mission expresse de négocier, connaissance du traité de négociation, première ratification de fait de la cession par le droit de percevoir les droits de douane valeur des teskérés, ratification verbale du premier ministre à M. Joseph Pastré, ratification écrite et officielle du Bey en personne au général Benaïad, persistance et suite de l'exécution du traité, sans obstacle, sans réclamation pendant trente-deux mois : voilà par quelles démarches, par quels actes, par quels engagements et quelles sanctions de fait, de bouche et d'écrit, le Gouvernement tunisien s'est lié envers les honorables maisons françaises qui se fiaient à sa foi, les a reconnues comme cessionnaires sérieuses, publiques et avouées, des 13 millions de permis de sortie d'huile, sans avoir jusqu'alors contesté une seule fois et leur qualité, et leur droit, et leur sincérité. Est-il possible que le Gouvernement tunisien puisse être admis, après un intervalle si long, après son consentement, son concours, son approbation, sa ratification, après ses actes et sa signature, sans motifs directs et personnels aux cessionnaires qu'il a sollicités et acceptés, uniquement parce qu'il lui convient de se forger une querelle avec le général Benaïad, de rétracter tout ce qu'il a dit, d'annuler tout ce qu'il a fait, de déchirer tout ce qu'il a écrit et signé, et de répondre à ceux qu'il a attirés et provoqués à cette affaire : Je ne vous dois rien, je ne vous connais pas et je ne connais que le général Benaïad ?

Évidemment, c'est le bouleversement de toute loi et de toute sécurité dans les transactions internationales. Après toutes ces circonstances le Gouvernement tunisien se doit à sa parole, à ses engagements, à sa foi, à son honneur public, et il ne peut plus être admis à contester ce qu'il a lui-même si longtemps et si complétement sanctionné et exécuté.

L'acte du 27 août 1850 reste donc, au nom de tous les principes de la foi publique, entier, inviolable, irrévocable.

Qu'opposent cependant les agents tunisiens à ces droits si éclatants et si fortement constitués ? Le général Benaïad, disent-ils, a trompé le Gouvernement en l'induisant à faire une négociation qui ne lui était pas nécessaire, en se faisant payer sur cette négociation des sommes qui ne lui étaient pas dues. Or, du moment qu'il n'était rien dû au général Benaïad, celui-ci ne pouvant transmettre à ses cessionnaires que les droits qu'il aurait eus lui-même, la cession est nulle et non avenue, tant pour les maisons Fould, Fould-Oppenheim et Pastré frères, que pour le général Benaïad.

Il y a dans cette proposition presque autant d'hérésies que de paroles. Il est d'abord prouvé maintenant, et à vrai dire il n'a cessé de l'être, que le général Benaïad était bien créancier des sommes qui lui ont été attribuées dans la distribution du produit de ces valeurs; il est bien prouvé que cette négociation était nécessaire à l'achat des grains indispensables pour nourrir l'armée et qu'elle a été consacrée à payer ces achats très-réellement opérés par le général Benaïad; dès lors, tout l'argument tombe, puisqu'il est basé uniquement sur cette majeure qu'il n'était rien dû au général Benaïad et qu'il devait avoir des droits lui-même pour que les cessionnaires en eussent à leur tour.

Il est prouvé qu'il en avait, donc ses cessionnaires en ont; et la cession même, d'après les principes fort larges du Gouvernement tunisien, reste dans toute sa virtualité.

Mais à part cette réponse qui coupe dans sa racine la prétention des agents tunisiens, dans quel code, dans quel pays, dans quels usages ont-ils encore découvert que le souscripteur d'un titre ou d'une obligation négociable et négociée, n'était engagé envers les tiers porteurs qu'autant qu'il n'aurait pas de réclamation à exercer, de créance à revendiquer contre les endosseurs ou négociateurs de ces obligations? C'est le bouleversement des principes qui dirigent en ces matières le commerce, le crédit public et privé, la législation universelle. Est-ce que le Gouvernement français, par exemple, supposerait qu'il a le droit de refuser à un tiers porteur le payement d'un bon du Trésor, parce qu'il aurait des répétitions à faire sur l'un des endosseurs de sa signature? Il n'est pas un commis de banque qui ne pût, sur ce point, rectifier les idées des agents tunisiens. Elles ne sont point discutables pour les esprits consommés devant lesquels on prétend s'en prévaloir. Toute la question de la validité de la transmission, elle est dans le consentement de l'obligé. Elle est envers le tiers porteur dans la livraison de l'effet négociable, et dès lors indéfiniment cessible. Ici les effets transmis sont-ils dans toutes ces conditions?

Les teskérés de sortie d'huile n'ont pas même besoin d'endos; ils se transmettent manuellement, sans écriture, comme des billets de banque; ce sont des titres au porteur. En outre, le Gouvernement tunisien les a concédés au général Benaïad pour les transmettre « comme il l'entendrait, à qui bon lui semblerait, lui laissant toute latitude à cet égard. » C'est sur l'acte et en vertu de l'acte de cette autorisation et de cet abandon absolu que MM. Fould-Pastré ont traité avec le général Benaïad. Le Gouvernement tunisien les trompait donc, et tendait donc un piége aux financiers qu'il sollicitait par cette déclaration? Contre cette autorisation complète et sans réserve il faisait donc des réserves mentales?

C'est en effet le langage des agents tunisiens. Car, dans aucun cas, ils ne connaissent et ne veulent connaître en cette affaire que le général Benaïad.

A ces circonstances, ajoutons l'acte du traité lui-même soumis au Gouvernement tunisien, le voyage de M. Pastré pour faire reconnaître sa société comme légitime et seule cessionnaire des teskérés dont cet acte est l'objet, sa ratification verbale par le premier ministre, sa ratification de fait par sa mise immédiate à exécution, sa ratification authentique et définitive le 1er sfar suivant par l'autorité souveraine et directe du Bey, la mise en vente et la perception de ces teskérés pendant trente-deux mois par l'agent avoué et incontesté de la maison Pastré, et qu'on dise s'il est possible au Gouvernement tunisien de soutenir sérieusement qu'il a traité avec le général Benaïad, qu'il n'a pas traité avec les maisons Fould et Fould-Oppenheim et Pastré frères, ou que, tout au moins, il ne s'est pas engagé directement envers ces maisons par la négociation autorisée et ratifiée de ces valeurs !

En tout cas, il a créé cette somme de valeurs dans le but et avec la volonté expresse de les négocier, il a ordonné la négociation, il l'a approuvée, il l'a ratifiée, il en a exécuté les conditions; comment pourrait-il comme souscripteur de ces effets négociables par son fait, négociés par son ordre, se soustraire aux résultats légaux et naturels de ses engagements envers des tiers porteurs qui, par surabondance de droit, lui prouvent qu'il les a reconnus et acceptés?

Il y a plus. La preuve existe que le général Benaïad n'a pas été pour le Gouvernement tunisien partie intéressée dans la négociation, mais qu'il n'en a été que le simple intermédiaire, que cette vente de teskérés s'est faite, non point du Gouvernement tunisien au général Benaïad et puis du général Benaïad aux maisons cessionnaires, mais directement du Gouvernement tunisien aux cessionnaires actuels par l'*entremise* du général Benaïad. On va trouver, en même temps dans cette preuve, de nouvelles formes et de nouvelles circonstances de la ratification du traité du 27 août 1850.

Dans l'amra de sfar 1268, créant la dernière émission de teskérés d'huile de 10 millions, la réserve suivante est exprimée :

Après avoir autorisé la négociation de ces teskérés :

« Mais, ajoute le Bey, il est défendu à l'acheteur d'en mettre en circulation, *avant que les permis* PRÉCÉDEMMENT VENDUS PAR L'ENTREMISE *de notre fils Mahmoud* soient écoulés conformément à l'ordonnance qui est entre ses mains. »

Cette réserve prouve sans doute que dans l'esprit du Gouvernement tunisien, la cession précédente était faite à d'autres qu'à Mahmoud Benaïad. Si on l'eût considéré comme porteur des deux émissions, à quoi bon cette distinction? Personne n'avait, dans ce cas, intérêt à l'établir. Mais cette distinction formait un des principaux articles, une des conditions essentielles du traité Fould-Pastré. Aussi quoiqu'elle dût sensiblement augmenter les frais de la négociation nouvelle, le Bey la confirme de nouveau et la ratifie, il en fait aux seconds porteurs une obligation explicite, et il déclare que les teskérés auxquels cet avantage est réservé ont été vendus pour lui et pour son compte, puisque le général Benaïad n'a fait qu'y donner *son entremise*.

Il était impossible de constater plus clairement et la nature du contrat entre le Bey et MM. Fould et Fould-Oppenheim et Pastré et les engagements personnels et directs du Gouvernement tunisien envers ces cessionnaires.

Enfin, pour dernière ratification, pour dernière obligation, pour dernière preuve, le Gouvernement a perçu et employé le produit de la négociation.

Ce produit lui a servi à combler des dettes antérieures qui lui ouvraient un nouveau crédit pour des besoins renaissants devant un trésor en désarroi, et pour les nouveaux achats de grains indispensables à son existence.

La négociation de ces effets avait une destination spéciale et définie. Après l'avoir ordonnée et ratifiée, le Gouvernement en a reçu les fonds. Ces fonds ont été consacrés à la destination qui leur était affectée. L'opération de tous les points n'est-elle pas régulière et inattaquable? Les titres ainsi mis en circulation ne sont-ils pas libérés envers lui? En justifiant de cette libération déclarée officiellement par l'amra du 1er sfar 1267, les tiers porteurs n'ont-ils pas satisfait aux plus extrêmes exigences qu'on puisse imposer à leur droit?

Enfin pour suprême ressource, les agents tunisiens invoquent la circulaire du Gouvernement tunisien aux consuls qui frappait d'interdit la perception des teskérés si régulièrement, si légitimement négociée à MM. Fould et Fould-Oppenheim et Pastré frères. Suivant leur usage, les agents ont encore la distraction de ne pas indiquer la date de cette circulaire. Or il est important de rappeler qu'elle est de mai 1853 ; que c'est cette même circulaire qui, tout à coup, au milieu de l'accomplissement paisible du contrat, est venue inaugurer cette triste querelle soumise aujourd'hui à l'arbitrage de la France, et que cette pièce rédigée pour préparer les infractions dès lors résolues à la foi donnée et aux actes antérieurs, ne peut être une preuve ni légale ni morale contre les engagements pris, confirmés et scellés précédemment du sceau du souverain.

Ainsi, même en admettant avec les agents tunisiens que les droits des maisons cessionnaires sur les teskérés de sortie d'huile ne fussent que ceux du négociateur, les droits de ce dernier sont justifiés, évidents, incontestables.

Mais quand même ces droits pourraient être contestés, la négociation avait un objet spécial, défini, réalisé. Elle a profité au Gouvernement tunisien. Il ne peut à la fois en garder le profit et en rejeter la charge. Il en a autorisé, ratifié, exécuté les stipulations. Il a lui-même accepté les cessionnaires et les a investis de son autorité pour opérer à sa place la perception de ses douanes. Ils sont porteurs des obligations payables au porteur. Ils ont toutes les qualités et tous les titres du tiers porteur sérieux et de bonne foi.

Pour son honneur de négociateur, le général Benaïad devait cet exposé à la commission. C'est maintenant aux honorables maisons cessionnaires à maintenir et faire prévaloir leurs droits devant sa justice impartiale et nationale.

Donon et Cie. — Le général Benaïad, pour rendre hommage à la vérité, commence par déclarer que cette négociation a été faite postérieurement à la circulaire aux consuls, dont il a été déjà question, c'est-à-dire après le mois de mai 1853.

Mais est-ce une raison pour que le Gouvernement tunisien puisse en contester la validité et échapper aux engagements qu'il a pris?

Quelle était la destination de cette émission nouvelle?

Un nouvel achat de 15 000 cafis de blé et de 15 000 cafis d'orge, dont se trouve chargé par un contrat le général Benaïad, dont il doit prélever le prix sur la négociation.

En quels termes est faite cette concession de teskérés?

« Nous déclarons dans notre ordonnance présente, qui est entre les mains de notre fils le noble général Mahmoud Benaïad, que nous lui avons donné des permis de sortie d'huile des ports de mer de notre Régence de Tunis (que Dieu la protége!) pour la valeur de 10 millions de piastres tunisiennes, y compris leurs frais, et *nous l'avons autorisé de les vendre à qui bon lui semblera, de la manière qu'il voudra, et selon le cours qu'il trouvera.* »

Voilà les conditions du contrat. D'un côté, le général Benaïad doit fournir au Gouvernement tunisien 30 000 cafis de blé et d'orge, de l'autre côté celui-ci lui livre complétement et absolument 10 000 000 de teskérés pour les négocier et se couvrir sur le produit de cette négociation du prix convenu de ce blé et de cette orge. Le général Benaïad a-t-il rempli son engagement? a-t-il versé ces 30 000 cafis de grains? Les agents tunisiens eux-mêmes, si hardis en contestations, n'osent pas le contester. Et par un acte postérieur et rétroactif, le Gouvernement tunisien pourrait supprimer la part du contrat qui le concerne! Il lui suffirait d'écrire une circulaire pour avoir le droit de garder les marchandises qu'il a reçues et annuler les valeurs avec lesquelles il les a payées! Et il suffirait au Gouvernement tunisien de cette circulaire pour paralyser dans les mains du général Benaïad les droits acquis et incommutables qui lui appartiennent par son exécution du marché! Le général Benaïad n'a point pensé ainsi; MM. Donon et comp. ne l'ont point pensé davantage. Ils ont vu dans ces droits, malgré les protestations rétroactives du Gouvernement tunisien, une propriété légitime et irrévocable. Ils les ont achetés; et comme le général Benaïad, ils ont foi et dans la fermeté du Gouvernement à défendre les intérêts nationaux, et dans la justice de la commission.

Périer frères. — Les arguments des agents tunisiens se bornent à cette phrase : Ils doutent que le transport fait à cette respectable maison soit réel et sérieux; quoi qu'il en soit le général Benaïad ayant violé ses engagements, le Bey n'est plus tenu aux siens, et le cédant ne peut transmettre au cessionnaire que les droits qu'il a lui-même.

Quant à la réalité du transport, le général Benaïad croit devoir laisser aux honorables cessionnaires le soin de la démontrer aux agents tunisiens toujours si légers, pour ne pas dire plus, dans leurs imputations.

Quant à la prétendue violation d'engagements, qui vaudrait au Gouvernement tunisien quittance pleine, entière et définitive contre le général Benaïad, on sait désormais à quoi s'en tenir.

Quant aux droits du cédant et à ceux du cessionnaire et à la théorie tout originale qu'en déduisent pour la troisième fois les agents tunisiens, tout mandat au porteur est essentiellement négociable, tout mandat au porteur oblige et lie purement et simplement son souscripteur envers tout tiers porteur de bonne foi; le souscripteur est valablement libéré par la simple tradition de son effet : ce sont là des principes qui régissent le monde; ce sont les éléments du droit et des transactions publiques et commerciales; ce sont là des axiomes : nous les avons un peu plus développés ailleurs; nous nous en tenons là.

Fould-Pastré. — Avant de clore ce chapitre, nous avons encore deux questions à vider avec la réponse tunisienne relativement aux frais d'escompte de la négociation Fould-Pastré. Ces deux questions touchent à l'escompte des 13 000 000 d'une part, et aux 4 099 866,12 de l'autre.

Sur la première de ces deux questions la note tunisienne s'exprime en ces termes :

« Quant au règlement de compte qu'a fait M. Benaïad, concernant ces 13 millions, il est erroné; car dans son susdit compte, il déduit du capital 5 460 000 piastres pour escompte et courtage. Or, cette somme ne lui revient que dans le cas où Son Altesse aurait demandé son argent avant l'expiration des dix années, qui avaient été accordées à M. Benaïad pour la jouissance du solde de ces teskérés aux conditions qui y sont exprimées.

« Nous relèverons en passant, à propos de ce compte, la remarquable addition qu'a faite M. Benaïad à l'amra du 1er sfar 1267. Dans le dernier paragraphe, après ces mots : *le solde après avoir déduit ces sommes,* il ajoute : *ainsi que l'escompte restera à la banque.*

« Dans la traduction fidèle de l'amra que nous possédons, ces mots : *ainsi que l'escompte*, ne s'y rencontrent pas.

« M. Benaïad prétend que Son Altesse n'a pas le droit de toucher aux 2 165 000 piastres qui, selon lui, sont le solde des 13 millions, sans en payer un nouvel escompte; il n'est pas facile de deviner sur quoi M. Benaïad base cette étrange prétention; car non content de déduire le courtage et l'escompte sur le capital en général, il demande une autre déduction sur une somme qui appartient de droit au Gouvernement tunisien, et dont la jouissance ne lui aurait appartenu pendant dix ans que par un simple effet de la bonté de Son Altesse. En résumé, M. Benaïad *n'a droit* a aucun escompte quelconque, puisque Son Altesse ne lui a jamais demandé le solde qui lui appartient jusqu'au jour où elle a reconnu que le premier a manqué à ses engagements et à ses devoirs en même temps. »

Il faut commencer par expliquer à la commission comment se constitue cette somme d'escompte de 5 460 000 piastres. Elle peut paraître considérable au premier abord et en apparence; à la simple réflexion et en réalité, elle est très-modérée.

La première preuve en est que, quant au chiffre, les agents tunisiens n'y élèvent pas d'objection.

La négociation Fould-Pastré se monte, on le sait, à un total de 17 099 866 piastres. Sur ce total, 4 099 866 piastres étaient la propriété antérieure du général Benaïad. Il ne les a ajoutées au traité que pour le faciliter et le rendre possible. Les 5 460 000 piastres ne représentent que l'escompte dû par les 13 millions appartenant au Gouvernement tunisien à 40 pour 100 et 2 pour 100 de courtage.

Le recouvrement des teskérés ne peut s'opérer que successivement et dans un certain nombre d'années. Le général Benaïad possède aujourd'hui les éléments propres à faire évaluer exactement le temps nécessaire à la totalité de ce recouvrement.

Il s'est informé auprès de MM. Fould-Pastré des recouvrements qu'ils avaient obtenus dans les trente-deux mois pendant lesquels le contrat s'est exécuté.

Dans ces trente-deux mois, il a été perçu environ 2 400 000 piastres. Le chiffre réel est inférieur à cette évaluation.

Cette perception pour les trente-deux mois porte la recette annuelle à 900 000 piastres.

Forçons encore ce chiffre et portons la moyenne à 1 million par an.

A ce compte, le recouvrement des 17 millions durera dix-sept ans; celui des 13 millions seulement durera treize ans.

Écartons encore les 4 millions, complément aux 13 millions pour former les 17 millions.

Les frais d'escompte de ces 13 millions, à 6 pour 100 par an (le taux légal le plus bas de l'intérêt à Tunis est de 12 pour 100 par an), s'élèveront jusqu'au recouvrement total évalué à une moyenne de six ans par l'effet des rentrées successives et annuelles à 36 pour 100.

Il reste donc, sur le total de la somme retenue, une prime brute de 6 pour 100 afin de couvrir les risques, et l'événement a montré s'ils étaient sérieux, le payement des agents percepteurs et toutes les dépenses attachées à un recouvrement long et lointain.

Il suffit de rappeler que la seconde émission de 10 000 000 ne peut commencer à être mise en recouvrement qu'après la rentrée effectuée des 17 000 000 négociés à MM. Fould-Pastré, pour justifier également la modération du taux de la négociation Donon et comp. à 60 pour 100 de perte et 2 pour 100 de courtage.

Cependant les agents tunisiens veulent que le payement de ces escomptes et spécialement de celui de la négociation Fould-Pastré soient à la charge non du Gouvernement tunisien, mais du général Benaïad.

On n'a pas le droit de préjuger l'opinion de la commission. Mais le général Benaïad n'hésite pas à signaler cette prétention comme monstrueuse en droit, en équité, en bonne foi.

En droit : La négociation s'est faite pour le Gouvernement tunisien et par son ordre ; il en a employé le produit pour ses dettes et ses besoins ; les frais de la négociation ne peuvent être imputables qu'à lui.

En raison : On ne comprend pas comment, pour avoir recouvré du Gouvernement tunisien une créance de. . . . . 5 375 000 piastres, le général Benaïad pourrait être condamné à payer au Gouvernement tunisien un escompte de. . . . . 5 460 000 piastres.

En bonne foi : Il suffit de lire les quatre amras dont il a été si souvent question dans ce débat pour que cette pensée, d'ailleurs offensante au bon sens, ne puisse venir à personne.

Sur quel unique fondement les agents tunisiens appuient-ils d'ailleurs leur singulière argumentation ?

Le Gouvernement tunisien n'aurait point à se charger de cet escompte, parce que le Bey se serait réservé la faculté de ne point payer le solde de la négociation après toutes les défalcations ordonnées, solde qui devait rester 10 ans en la jouissance du général Benaïad, à moins que le Bey ne retirât ce solde avant les 10 ans stipulés.

Et ce solde, il se composerait non-seulement du produit effectif de la négociation après les défalcations ci-dessus, mais encore de l'escompte payé d'avance aux cessionnaires suivant l'usage et aux termes du traité !

Cela ne peut pas se soutenir devant le plus faible entendement.

Prenons d'abord le traité : que dit-il, article 2?

La vente et cession des 17 millions de teskérés a été consentie moyennant la somme de 10 099 920 piastres 3/4 à laquelle a été fixée à forfait la valeur des teskérés cédés.

C'est donc sur le produit réalisé une déduction à faire d'environ 7 millions imputables proportionnellement aux 4 099 866, propriété du général Benaïad, et aux 13 millions appartenant au Gouvernement tunisien.

Cette part proportionnelle forme les 5 460 000 piastres en question.

Dans l'article suivant du traité, le général Benaïad donne quittance, comme l'ayant reçu, du prix total de cette vente.

Recourons maintenant à l'amra de ratification de sfar 1267.

Il constate que le négociateur *a abandonné* aux cessionnaires un escompte de 40 pour 100 et 2 pour 100 de courtage. Il y consent; « il l'a fait de notre consentement. » En d'autres termes, le Bey consent à abandonner aux acheteurs les 5 460 000 piastres pour prime de la vente, et il sait que cet abandon a été accompli.

C'est l'acceptation, la mise à exécution et la sanction de l'article 2 du traité Pastré, c'est-à-dire de la retenue à l'escompte des 5 460 000 piastres.

Ce premier fait reconnu et réglé, l'amra ordonne deux défalcations sur la somme produite ; 2 millions pour les achats de 1264, 3 375 000 pour les achats de 1266.

Il reste encore un solde. Il ne s'agit plus que de régler l'emploi de ce solde.

Ce solde, il demeurera entre les mains du général Benaïad pendant dix ans aux termes des stipulations antérieures, pour qu'il les emploie aux opérations de la banque; et si ce solde n'est redemandé ou employé par le Bey qu'après les dix ans révolus, ce dernier ne payera pas les

40 pour 100 d'escompte et les 2 pour 100 de courtage, proportionnels et relatifs à ce même solde, parce qu'il en a laissé l'exploitation au général Benaïad.

Y eut-il jamais rien de plus clair, de plus simple, de plus raisonnable, de plus logique, de plus évident?

Quoi! le général Benaïad est réduit à soutenir et à prouver que pour le propriétaire d'une valeur négociée, cette valeur n'est plus après la négociation que le chiffre souscrit moins l'escompte! C'est trop dépenser à ces misères le temps de la commission.

Ces explications répondent à l'accusation adressée par le signataire anonyme au général Benaïad d'avoir donné au dernier paragraphe de l'amra de 1267 un sens et une expression qu'il n'a pas. Le général Benaïad maintient la sincérité de sa traduction; il vient de démontrer très-suffisamment, ce lui semble, que cet amra entendait faire porter le solde sur la déduction de l'escompte aussi bien que sur la défalcation des autres sommes dues.

Ces mêmes explications répondent aussi à une autre question qui lui est faite. On lui demande s'il entend imposer au Gouvernement tunisien, sur le solde de la négociation Fould-Pastré resté entre ses mains, les 40 pour 100 d'escompte et 2 pour 100 de courtage, dans le cas où le Bey n'en disposerait pas avant les dix ans convenus? Non; ce n'est ni l'intention ni la prétention du général Benaïad. Mais il fait en même temps observer que le Gouvernement tunisien en dispose en le portant en compensation des créances dont le payement lui est si justement réclamé. Il ne s'agit donc plus entre les deux parties que de déterminer le chiffre de ce solde.

Le général Benaïad a en outre réclamé, par les raisons qu'il a déduites dans son état n° 1, et qu'il croit toujours bonnes et fortes, l'escompte de 40 pour 100 et 2 pour 100 de courtage sur les 4 099 866,12, montant des teskérés qu'il a joints, dans la négociation, aux 13 000 000 du Gouvernement tunisien. Sur cette demande la réponse tunisienne le repousse comme suit :

« Ayant répondu à chacun des trois articles précités, il ne nous reste plus qu'à dire en passant, concernant la déduction que M. Benaïad fait de 42 pour 100 sur les premiers 4 099 866,12, que le Gouvernement ne lui reconnaît droit à aucune indemnité, ayant reçu cette valeur comme numéraire effectif; et si M. Benaïad prétend le contraire, il faut qu'il le prouve. »

Cette fin de non-recevoir semble un peu rude.

Le général Benaïad a invoqué à ce sujet la parole directe du Bey; il en attend le témoignage.

Le signataire anonyme demande des preuves : en voici une :

C'est le deuxième amra du Bey de 1266 autorisant le général Benaïad à négocier tous les teskérés d'huile qu'il avait entre ses mains, et le Bey savait parfaitement que dans cette autorisation générale, il comprenait les 4 099 866 précédemment délivrés en payement au général Benaïad.

Il rappelle de plus que les 4 099 866 piastres en teskérés d'huile dont il s'agit, antérieurs en date à l'émission des 13 millions, avaient par conséquent droit d'antériorité dans leur perception. Si on lui en refuse l'escompte promis, l'escompte si légalement dû dans les circonstances déjà exposées, il en réclamera l'intérêt; ils étaient immédiatement et les premiers exigibles; et il n'est pas juste qu'on en renvoie le payement à quatorze ou quinze ans, en laissant au général Benaïad la charge d'une aussi longue échéance, lorsque suivant l'aveu de la note tunisienne on les lui a donnés *pour numéraire effectif*.

Ou l'exécution en ce qui concerne cette somme du traité Fould-Pastré, ou l'intérêt à 6 pour 100 jusqu'à ce qu'elle soit acquittée; le Gouvernement tunisien a le choix; mais le général Benaïad pense qu'en conscience il n'a que le choix.

Le général Benaïad ajoute qu'il n'en sera pas moins encore fortement lésé par cette opération. En effet au moment où ces 4 099 866 piastres lui furent délivrées, la piastre valait 90 centimes : elle n'en vaut plus que 62. Sa longanimité a donc valu déjà au général Benaïad la perte de près d'un tiers de son capital primitif.

Cette histoire est celle de beaucoup des transactions du général Benaïad avec le Gouvernement tunisien.

CHAPITRE DEUXIÈME.

Créances et réclamations directement et exclusivement personnelles au général Benaïad sur le Gouvernement tunisien.

Ces créances, en leur ordre, se trouvent détaillées et motivées dans l'*état n°* 2 soumis à la commission par le général Benaïad. Elles s'y divisent, suivant leur nature, en sections ou paragraphes subdivisés eux-mêmes en articles. La réponse tunisienne examine dans le même ordre ces différents objets, article par article. En conservant pour la clarté, la méthode du débat, le classement, les divisions établies dans le susdit état n° 2, le général Benaïad suivra pied à pied les objections qu'on prétend lui opposer.

§ I.

DÉLÉGATIONS ÉCHUES ET SOMMES LIQUIDÉES RESTÉES SANS PAYEMENT.

PREMIER ARTICLE.

Délégation du Bey, en date du 2 keda 1262 (1846), *sur la Sabtab.* (Ministre de la justice). 3 118 325 12

Texte de la réponse tunisienne.

« Le signataire de cette note n'ayant jamais ouï parler de cette réclamation qui se produit « pour la première fois de la part de M. Benaïad, et n'ayant conséquemment aucune connais- « sance de la délégation dont il parle, il demande à M. Benaïad de justifier du teskéré qu'il « allègue, et d'indiquer le compte auquel il est relatif. »

Réplique du général Benaïad.

On ne saurait trop admirer le mode de discussion des agents tunisiens. Ils se prévalent de reçus officiellement annulés; ils font dans leurs écritures des double emplois de huit millions sur treize; en présence de comptes arrêtés, reconnus, soldés et couchés sur les registres de l'État, ils trouvent moyen d'inventer un reliquat de compte qui n'est rien moins qu'un arriéré de seize cent mille hectolitres de grains. Ils nient la réception des blés avec laquelle l'armée et la cour du Bey lui-même ont été nourries. Maintenant mis en face d'une obligation du Gouvernement tunisien, portant la signature du Bey, sur l'une d'un de ses principaux ministres, pour une de ces sommes qu'il est difficile d'oublier puisqu'elle dépasse trois millions de piastres; les agents tunisiens ignorent, les agents tunisiens ne connaissent pas les affaires dont ils sont chargés; ils n'ont plus la moindre teinture des comptes qu'ils ont mission de contester et d'apurer, et nous verrons cette ignorance persévérer et se reproduire presque à chaque pas dans la discussion où nous entrons.

On se demande d'abord comment il est possible que le Gouvernement tunisien ignore une dette d'un chiffre semblable; une obligation de plus de trois millions, qu'il a souscrite, qu'il a signée et qui, de plus, est inscrite sur ses registres, dans ses comptes avec le général Benaïad! Étranges distractions! d'un côté, le Gouvernement tunisien réclame au général Benaïad huit millions, qu'il ne lui doit pas, et, de l'autre côté, il ignore plus de trois millions qu'il lui doit!

Toutefois le signataire inconnu de la réponse tunisienne ne demande qu'à s'instruire. Il réclame des renseignements au général Benaïad; ce dernier, en mentionnant cette créance, lui en avait, dans son état n° 2, fourni de suffisants pour qu'il pût s'éclairer. Cet état, en effet, indiquait la date de la délégation du Bey. Il indiquait le ministre sur lequel la délégation était faite. Il donnait des détails sur le contenu et le texte de la délégation. Il ajoutait que le titre mentionnait de quelle façon la somme en était balancée dans les comptes du Gouvernement tunisien. Il finissait enfin en déclarant que la délégation avait reçu un commencement d'exécution; que divers faibles à-compte avaient été payés par le Sabtab; que ces à-compte étaient constatés par les reçus du général Benaïad délivrés à ce haut fonctionnaire. Est-ce qu'il n'y avait point, dans tous ces détails, assez d'éléments d'instruction et de reconnaissance pour qu'avec très-peu de bonne volonté, il fût facile au signataire de la réponse tunisienne de ne pas se retrancher derrière une allégation d'ignorance et un ajournement de discussion?

Il est évident que l'État du général Benaïad, portant à la fois mention et justification de la créance, répondait d'avance à toutes les questions que le signataire de la réponse tunisienne s'est donné la peine de lui adresser. Il n'y a plus qu'un point sur lequel le général Benaïad puisse lui donner satisfaction, c'est la production, la présentation de l'acte même, de l'obligation du Bey. Voici donc la traduction exacte et textuelle de cette délégation après laquelle, sans doute, la signature anonyme de la note tunisienne n'aura plus rien à demander.

Cet acte, émané du Bey en personne, porte en tête les divers revenus du Beylick assignés au payement de la délégation, après quoi il s'exprime en ces termes :

« Nous avons autorisé notre fils le général Mahmoud Benaïad à recevoir 3 118 325 piastres 3/4 « ci-dessus désignées de notre chef vizir notre fils Mustapha Sabtab, lequel est autorisé à recou-

« vrer cette somme des lieux détaillés ci-dessus et à la lui payer (à Mahmoud Benaïad). Ladite « somme a été portée au débit de notre fils Mahmoud Benaïad, à valoir sur ce qui lui est dû « dans son compte avec le Gouvernement. Il en a été également débité sur notre registre du « palais.

« Nous avons remis entre les mains du susdit vizir un ordre de nous, pour opérer ce paye- « ment comme il est dit ci-dessus.

« Cette ordonnance est absolue et devra être exécutée exactement.

« Fait le 2 kada 1262.

« AHMED PACHA BEY. »

De cette déclaration authentique du Bey il résulte, sans contestation possible, que le Gouvernement tunisien ne pouvait pas ignorer cette dette, puisque, comme il a été dit, elle était inscrite sur les registres de l'État, sur les actes de la comptabilité tenus entre le Bey et le général Benaïad; et enfin, qu'un membre du Gouvernement, le ministre de la justice, avait entre ses mains un ordre de payement distinct de la délégation dont le général Benaïad était porteur. Les moyens de s'édifier ne manquaient donc ni au Gouvernement tunisien, ni à ses agents. Et qu'on le remarque, ce Gouvernement faisait des recherches si minutieuses et si exactes pour se préparer à ces discussions de compte, qu'il allait découvrir, dans les profondeurs où il s'était égaré, jusqu'à un reçu perdu et annulé. Et il ne savait pas découvrir les traces d'une délégation officielle souscrite par le chef de l'État, inscrite sur les registres de l'État et ordonnancée entre les mains d'un ministre de l'État! En vérité, n'est-ce point pour le général Benaïad encore le cas de répéter : quelle confiance méritent devant des hommes sérieux les écritures des agents tunisiens, si elles présentent aussi souvent d'aussi déplorables lacunes?

Le général Benaïad pense avoir le droit de compter maintenant que sur ce premier point ses justifications sont faites. Que l'ignorance fâcheuse des agents tunisiens est éclairée et édifiée, et qu'en présence de la signature du prince et de ses constatations si explicites, il ne pourra plus s'élever de difficultés sur l'admission et le payement de cette somme qu'il regarde désormais comme hors de contestation.

DEUXIÈME ARTICLE.

Solde en faveur du général Benaïad, de son compte avec le Bey, en date de keda 1264 (1848) . . . . 671 208.

Texte de la réponse tunisienne.

« Ici M. Benaïad se contredit lui-même, en disant que c'est la clôture des comptes qu'il a eus « avec le Gouvernement; puisque d'un autre côté il dit que la délégation des cinq millions lui a « été donnée en payement de trois comptes faits avec le Gouvernement en 1267, et nous pou- « vons même ajouter sans hésitation, que ce solde est effectivement compris dans lesdits « comptes. »

Réplique du général Benaïad.

Le général Benaïad ne se contredit nullement. C'est M. le signataire anonyme qui se livre aux confusions les plus incroyables pour se créer un prétexte d'accuser le général de contradiction. Le général n'a jamais dit que le compte dont il réclame le solde, est le dernier compte qu'il ait eu avec le Gouvernement tunisien. Une telle absurdité serait refutée par tous les faits eux-mêmes. Le général a dit et cela est constaté dans son texte cité par la réponse tunisienne que ce compte est le dernier des comptes courants ou généraux qui aient été établis entre lui et le Bey jusqu'en 1264, qu'il termine une série de ces comptes généraux, et il explique la réclamation de ce solde par ce fait, qu'il n'a pas été porté à compte nouveau. Cela ne veut pas dire le moins du monde que depuis 1264 le général prétende qu'il n'y a plus eu de compte entre lui et le Bey. Il y en a eu au contraire de plusieurs espèces. Il y a eu entre autres les trois comptes dont parle le signataire inconnu de la réponse tunisienne, et qui ont été réglés par la délégation au porteur de 5 millions de piastres, aujourd'hui entre les mains de MM. Périer.

Il y a eu des comptes de grains, il y a eu des comptes d'huile, etc., etc.

Cependant le signataire anonyme, par un effet de cette ignorance qui ne le quitte pas dans des questions qu'il devrait pourtant connaître, puisqu'il est chargé de les traiter devant un tribunal des plus respectables et un grand Gouvernement, avance *sans hésitation* que le solde en question est compris dans les trois comptes soldés par le mandat des 5 millions. Mais il oublie donc qu'il a soutenu plus haut qu'il n'était rien dû sur ce mandat au porteur, que le général Benaïad n'avait point en réalité versé les fournitures qui en forment la valeur, et que dès lors, la signature du Bey était dégagée? Si on maintient qu'on ne doit pas payer le mandat de 5 millions, comment peut-on se prévaloir de ce mandat pour l'opposer à une autre créance? Or, avec moins d'hésitation encore que la réponse tunisienne, le général Benaïad répond qu'elle se trompe, et il le prouve par les pièces justificatives annexées à cet écrit. Le général Benaïad publie l'ensemble et le détail de ces trois comptes arrêtés et signés par le Bey, conformément aux registres de son palais. Ce solde, maintenant en question, de 671 208 piastres, résultat du compte du 2 kéda 1264, ne figure dans aucun des articles d'aucun de ces trois comptes. Ils sont sous les yeux du signataire anonyme, et le général Benaïad le défie d'y trouver la moindre mention, la moindre trace de ce solde. Encore une erreur et une assertion plus que hasardée à ajouter à la somme des erreurs et des assertions hasardeuses des agents tunisiens.

Pour dernière preuve de son bon droit et de la réalité de sa créance, le général Benaïad annexe aux pièces justificatives[1] le compte courant qui constate et reconnaît ce solde, en date de keda 1264, vérifié, approuvé et signé par le Bey.

On le voit, à chacune des objections sans preuve et sans titre opposées au général Benaïad par l'agent tunisien, le général Benaïad n'oppose, de son côté, que des preuves et des titres. Il en sera de même des deux côtés jusqu'au dernier terme de ce débat.

Incontestablement, les traductions seules des originaux peuvent ici être soumises à la commission; mais, comme de raison, l'original de cette pièce, ainsi que les originaux de toutes

1. Voir pièce justificative n° 2.

les pièces traduites, ou seulement invoquées par le général Benaïad restent et sont constamment à la disposition de ses juges.

TROISIÈME ARTICLE.

Solde pour les années 1268 et 1269 de l'arriéré d'une délégation annuelle assignée par le Bey au général Benaïad sur la ferme des tabacs. . . . . 1 450 000.

Texte de la réponse tunisienne.

« L'agent du Gouvernement à la douane du tabac a remboursé cette somme à M. Benaïad sur « les reçus de ses agents à lui. Ce compte sera fait sur ce document, et s'il lui reste un solde il « sera passé à son crédit.

« On relève ici l'inconvenance qui se montre, dans les lignes auxquelles on répond, d'un ancien « fonctionnaire haut placé dans la confiance de son souverain, qui ne craint pas de lui imputer « des rigueurs étrangères à ses habitudes, et contraires à l'extrême modération dont il a usé « envers les agents que M. Benaïad a laissés à Tunis. »

Réplique du général Benaïad.

Au jour de la rupture du Gouvernement tunisien avec le général Benaïad, c'est-à-dire en mai 1853, la ferme des tabacs n'avait rien payé des délégations assignées sur elle au profit du général Benaïad. Le signataire de la note ne conteste pas ces délégations, il se contente de prétendre que des à-compte, plus ou moins considérables, ont été versés entre les mains des agents du général. Cette affirmation n'est accompagnée d'aucune espèce de preuve. La preuve serait pourtant facile à donner puisqu'elle consisterait dans les reçus délivrés par les agents autorisés du général et décharges à la fois du Gouvernement et du directeur de la ferme des tabacs. Or, cette preuve, on ne la donne pas, donc on ne l'a pas. Le général Benaïad conteste en ce chef nouveau, l'exactitude de la réponse tunisienne. Il déclare n'avoir reçu depuis son arrivée en France aucun avis que ces délégations aient été payées en tout ou en partie. Toutes les vraisemblances, toutes les probabilités, comme toutes les convictions du général, sont donc, qu'encore ici, la réponse tunisienne est dans une entière erreur ; et il le maintient jusqu'à preuve contraire.

Le rédacteur de la réponse tunisienne s'émeut beaucoup des plaintes élevées par le général Benaïad au sujet de l'intimidation exercée sur tous ses agents par le gouvernement tunisien. Cette intimidation on la dénie à Paris quand elle est de notoriété publique à Tunis. Pourtant, même à Paris, la dénégation est hardie. Mais dans le cours de la discussion d'autres occasions se présenteront plus opportunément au général Benaïad qui se le réserve, de démontrer pièces et faits en main, le peu de sincérité de ces dénégations.

§ II.

SOMMES DUES POUR DIVERS MOTIFS ET DONT LA LIQUIDATION DÉFINITIVE A ÉTÉ RETARDÉE PAR LE FAIT DU GOUVERNEMENT TUNISIEN.

QUATRIÈME ARTICLE.

Fournitures diverses justifiées jusqu'au jour du départ du général Benaïad. 2 254 964

Texte de la réponse tunisienne.

« On n'a autre chose à répondre sur ce point, si ce n'est qu'il sera fait droit à la réclamation « de M. Benaïad dès qu'il aura fait la justification de ce qu'il énonce. »

Réplique du général Benaïad.

Il est remarquable que le rédacteur de la note tunisienne n'aborde jamais franchement ni directement les questions posées. Le général Benaïad réclame la somme objet de cet article en vertu de titres dont il déclare avoir justifié. La réponse tunisienne ne conteste pas cette justification. Elle ne conteste pas davantage le chiffre en lui-même; mais elle semble demander la justification de la justification. Elle lui sera donnée.

Elle est d'abord dans les registres du Gouvernement de Tunis, sur lesquels les teskérés constatant ces fournitures ont été inscrits de la main du notaire du Bey et par l'ordre de ce prince. Elle est aussi dans les lettres du kasnadar adressées à Paris au général Benaïad et où tous ces faits se trouvent attestés. Le général Benaïad avait mentionné ces diverses circonstances dans la note accompagnant à l'état n° 2 l'énoncé de cette réclamation. Il y a en outre dans sa réponse à la première note tunisienne, insérée aux pièces justificatives sous le n° 33, l'attestation du kasnadar constatant à la fois la remise de ces titres entre les mains de ce ministre, leur transmission à Si Boûkris, notaire du Bey, leur inscription par ce fonctionnaire sur les livres comptables de l'État. Ce même document était sous les yeux du rédacteur de la note tunisienne dans les pièces justificatives (n° 9) figurant à la suite des deux notes adressées par le général Benaïad à S. Exc. M. le ministre des affaires étrangères en juin 1853. Que peut le général Benaïad ajouter à ces justifications réitérées, si ce n'est la répétition de la déclaration susmentionnée du kasnadar. La voici, elle est récente, elle date de très-peu de temps avant la rupture du général Benaïad et du Gouvernement de Tunis, car elle est de la fin de décembre 1852 (21 sfar 1269) et la rupture éclata dans le commencement de mai suivant.

Dans ces correspondances alors tout amicales avec le premier ministre et le Gouvernement tunisien, le général Benaïad ne cessait de solliciter le règlement et le payement de ce compte, dont toutes les pièces étaient produites et régularisées. A ces instances pressantes, que répondait le kasnadar? Il ne prenait certes pas le ton d'un organe d'un Gouvernement auquel on doit 47 millions, chiffre du compte fabuleux présenté à la commission française par les agents tunisiens, et qui, par conséquent, a droit de s'étonner que son débiteur vienne lui réclamer 2 millions et demi. Non, le kasnadar trouvait la réclamation très-naturelle; il s'excusait des retards qu'elle avait éprouvés et s'en expliquait en ces termes avec le général Benaïad :

« Quant à votre compte, bientôt, si Dieu veut, il sera terminé, et il n'y a pas d'utilité de vous en rendre les titres maintenant, car ils ne se perdront pas, et ils sont transcrits sur le registre, mais ils sont à la ratification seulement. »

Il semble donc évident que le Gouvernement tunisien ne peut élever un doute sur la réalité de ces titres et de cette dette, puisqu'il n'avait pour s'en convaincre qu'à ouvrir ses propres livres et à consulter ses derniers comptes avec le général Benaïad. Toutefois, pour surabonder encore dans ces justifications, le général Benaïad, à la suite des délais successifs qu'il éprouvait, ayant fait retirer ses titres des mains du kasnadar, il s'oblige à les représenter, et dès lors toute discussion sur ce point cesse d'être possible entre lui et les agents tunisiens.

CINQUIÈME ARTICLE.

Remboursement dû au général Benaïad pour l'approvisionnement et fonds de roulement de la ferme des tabacs, lorsqu'il remit cette ferme aux agents du Gouvernement. . 1 243 944.

Texte de la réponse tunisienne.

« Ce chiffre est très-exagéré, car d'après le compte qui a été fait entre l'agent du Gouvernement Si Ahmed Zarrouk et son agent propre Hemeda, Benaïad a pris pour lesdites valeurs une délégation du ministre sur Ahmed Zarrouk qui était chargé de payer au premier toutes les sommes qu'il recevait pour son compte, attendu que les susdites valeurs étaient dues à M. Benaïad par différentes personnes. En effet, son agent a reçu en vertu de cette délégation, une partie de la somme dont il s'agit. Le solde, s'il y en a, lui sera compté après déduction des frais de recouvrement.

« Nous retrouvons sur ce chef la même tendance de M. Benaïad à présenter le Gouvernement de S. A. comme implacable dans ses mesures envers ses agents à Tunis, quoiqu'il sache bien qu'il n'y a rien de vrai dans ses allégations; il est facile de voir que M. Benaïad a la prétention de se donner le rôle d'une victime pour couvrir ses détournements et atténuer, s'il était possible, ses torts envers son Gouvernement qui l'a comblé de bienfaits. »

Réplique du général Benaïad.

Le général Benaïad maintient son chiffre dans toute sa teneur, et il n'a rien d'exagéré puisque c'est le kasnadar lui-même qui a dressé ce compte comme il l'a voulu, sans discussion ni contradiction aucune, et qui a ensuite donné à l'agent du général Benaïad une délégation pour ce compte sur le général Ahmed Zarrouk, directeur de la ferme des tabacs, ainsi que le rédacteur de la réponse tunisienne le rapporte exactement. Mais cette exactitude cesse lorsqu'on ajoute qu'une partie des sommes dues, par l'effet soit du règlement soit de la délégation, a été payée aux agents du général. Il affirme que jamais aucun d'eux ne lui a donné avis d'aucune recette de cette espèce, et malgré la gêne apportée dans ses relations avec Tunis depuis le mois de mai 1853, le général Benaïad est convaincu que si des recettes semblables s'étaient opérées il en aurait eu connaissance. Au surplus s'il y a eu recettes il y a eu reçus délivrés; pourquoi le Gouvernement tunisien ne mentionne-t-il pas ces reçus et leurs dates et pourquoi ne les représente-t-il pas?

Toutes ces assertions ne sont donc encore que des faux-fuyants et des échappatoires embarrassés, qu'une fois de plus le rédacteur de la réponse tunisienne cherche à rehausser par de nouvelles imputations diffamatoires envers le général Benaïad.

Les agents tunisiens en même temps cherchent à protester de nouveau contre l'imputation bien autrement sérieuse et réelle énoncée par le général Benaïad, à propos des actes d'oppression qu'on a fait peser sur ses agents. Le général Benaïad ne s'avance point sans preuve. Nous concevons que le Gouvernement tunisien nie ce cas très-reniable, mais la preuve en sera donnée en son moment, bientôt, éclatante et irrécusable.

SIXIÈME ARTICLE.

Espèces perçues par le kasnadar sur les Metallit, l'hôtel des monnaies, pour compte du général Benaïad et entrées dans le trésor du Bey. . . . . 1 000 000.

Texte de la réponse tunisienne.

« Nous n'avons aucune connaissance de cette réclamation, et M. Benaïad est invité à pré-
« senter les documents propres à la justifier. »

Réplique du général Benaïad.

Toujours la même ignorance incompréhensible de la part des agents du Gouvernement tunisien. Le Gouvernement tunisien ignore donc qu'en date du 22 ramdam 1263, il avait passé un contrat avec le général Benaïad pour l'autoriser à fabriquer de la monnaie d'argent? Le Gouvernement tunisien ignore donc que le général Benaïad avait fait acheter pour 400 000 piastres de pièces de 5 francs, qu'il les avait fait frapper en monnaie tunisienne et qu'il les avait laissées en dépôt à la monnaie? Le Gouvernement tunisien ignore donc qu'un autre dépôt de monnaies semblables, s'élevant à 630 000 piastres et appartenant au général Benaïad, se trouvait aussi à l'hôtel de la monnaie d'argent? Le Gouvernement tunisien ignore donc qu'il connaissait si bien ce double dépôt qu'il a mis la main dessus, qu'il s'en est emparé, et qu'il a détourné la somme tout entière, à son propre usage, pour ses propres besoins, malgré les défenses et les termes formels des contrats? Il ignore donc que le général Benaïad étant fermier de l'apalte du district de Metallit, les produits de ce fermage ont été perçus pour compte du général Benaïad par divers officiers du Bey, par le général Ahmet-el-Kébir, puis par le colonel Mourad, ensuite par le général Ahmet, caïd de Sous; et le kasnadar ignore aussi que c'est dans ses mains et non dans celles du général Benaïad que ces agents du Bey ont versé leurs recettes? En vérité, ces défaillances de mémoire étonnent et confondent. Peut-être en pourrait-on faire accepter quelques-unes, mais, en conscience, ne se renouvellent-elles pas trop souvent? Et nous sommes réservés à en rencontrer encore.

SEPTIÈME ARTICLE.

Fournitures diverses faites au Gouvernement tunisien par les agents du général Benaïad depuis son départ de Tunis et conformément à ses contrats. . . . . . 3 000 000.

Texte de la réponse tunisienne.

« M. Benaïad aura à présenter les teskérés d'après lesquels ses agents ont consigné ces marchandises pour le compte du Gouvernement, et le montant de ces teskérés sera passé à son « actif; mais nous sommes convaincus d'avance qu'il ne réalisera pas des prétentions qui sont « évidemment très-exagérées. »

Réplique du général Benaïad.

Encore une accusation gratuite d'exagération avancée contre les chiffres du général Benaïad. Le général, au contraire, a déclaré que son évaluation n'était qu'un minimum, et maintient son dire; et quoi qu'en prétende la note tunisienne, il s'engage à le prouver. Au surplus, c'est un compte facile à faire, puisque le général Benaïad devra produire les bons ou teskerés du Bey, sur lesquels les fournitures réclamées ont été versées. Ces pièces seront produites dès que la liberté des communications sera rétablie sous la protection de la commission et de l'Empereur des Français entre le général Benaïad et ses agents. Ce dernier constate pour le présent que, d'accord avec lui, le principe et le fait de ces fournitures est reconnu par les agents du Gouvernement tunisien.

HUITIÈME ARTICLE.

Prix de 35 000 métaux d'huile reçus par le Bey pour le compte du général Benaïad. . 865 000.

Texte de la réponse tunisienne.

« Nous n'avons aucune connaissance de cette réclamation; dans tous les cas, M. Benaïad est « libre de présenter ses preuves sur ce chef, s'il en a, et alors cette quotité sera déduite de celle « que le Gouvernement lui réclame. »

Réplique du général Benaïad.

Le rédacteur de la réponse tunisienne ignore aussi le motif de cette réclamation, et il s'abstient; mais il accorde que cette dette étant prouvée, cette quantité d'huile devra être portée au crédit du général Benaïad en déduction de ce compte fantasque d'huile qu'il lui a plu de présenter à la commission à la charge du général Benaïad. Quant à la preuve de cette dette, elle a été déjà fournie dans la réponse précédente du général Benaïad aux comptes du Gouvernement tunisien. A la page 46 de ce mémoire, il cite le teskeré du Bey en date du 5 rebi-el-tani 1268, par lequel Son Altesse réglait son compte en huile avec le général. La signature et la déclaration du Bey y constatent qu'après balance des recettes et versements respectifs jusqu'au jour indiqué, le Bey se reconnaissait débiteur envers le général Benaïad de 17 637 métaux d'huile. Le général Benaïad ajoutait que pour le surplus, demandant des explications sur les chiffres confus et les réclamations inconcevables qu'élevait le Gouvernement tunisien, il attendrait ses explications et la discussion définitive qui devait s'ensuivre pour justifier le surplus de son chiffre jusqu'à concurrence de 35 000 métaux, et qu'il se faisait fort de le rendre incontestable. Il répète cette affirmation.

Quant à la déduction hypothétiquement indiquée par le rédacteur de la réponse tunisienne, dès à présent le général Benaïad est fondé à la considérer comme dérisoire, puisqu'en 1268 (1852), aux termes des actes émanés du Bey, le général Benaïad était créditeur et non débiteur du Gouvernement tunisien pour son compte d'huile comme pour les autres comptes, et que depuis cette époque il affirme et il prouvera que ce débet du Gouvernement tunisien envers lui, bien loin de s'être atténué, a, au contraire, doublé.

NEUVIÈME ARTICLE.

Total des sommes dues pour fournitures de blé et d'orge (suivant le détail et les évaluations *au minimum* contenus dans l'état n° 2). . . . . 3 624 175.

Texte de la réponse tunisienne.

« En ce qui concerne le compte dont il s'agit, soit du blé soit de l'orge, on est prêt à en re-
« connaître le mérite, moyennant l'addition à résulter des erreurs de calculs au préjudice de Son
« Altesse que l'on rencontre dans les comptes présentés par M. Benaïad pour tout ce qui est
« relatif à la Rabta (ces erreurs consistent principalement dans la différence de chiffres entre
« les comptes rendus par M. Benaïad et les engagements qu'il avait pris aux termes de l'amra
« qu'il possède!).

« Quant aux 15 000 cafis de blé et 15 000 cafis d'orge de la prétendue négociation Donon
« et compagnie, il nous suffit de nous référer à ce qui a été dit plus haut sur cette négociation,
« que nous persistons à ne pas reconnaître.

« Par un fort commode système de comptabilité, M. Benaïad place à son actif toutes les

« fournitures qu'il lui plaît d'énumérer tant en blé qu'en orge, sans y joindre les pièces justifi-
« catives, et il omet soigneusement de mettre à son débit les sommes produites par la jouis-
« sance des dîmes du Sahel et du Kerouan depuis l'année 1264 jusqu'en 1268, ainsi que les
« dîmes de toute la Régence perçues par lui pour le compte du Gouvernement pendant les
« années 1267-1268, en outre de celles de différents endroits non compris dans ses comptes
« précédents.

« M. Benaïad convenant dans son mémoire (page 21) que les teskérés sont entre les mains
« de ses agents, il ne peut sous aucun rapport se dispenser de les produire. Quoi qu'il puisse
« dire de contraire, ses relations avec ses agents n'ont jamais été interrompues.

« Vainement M. Benaïad persiste dans ses procédés de diffamations calomnieuses envers
« S. A. le Bey, en prétendant que ses agents sont empêchés par des menaces de lui transmettre
« les pièces justificatives de ses fournitures en blé et en orge, nous ne continuerons pas moins
« d'opposer un juste rejet à des demandes qui, comme celles-là, sont entièrement dénuées
« de preuves. »

Réplique du général Benaïad.

D'abord, le général Benaïad prend acte que son compte et ses chiffres sont encore reconnus exacts, et acceptés en principe par l'organe du Gouvernement tunisien auprès de la commission.

Il est essentiel de rappeler que le compte dont il s'agit est celui qui clôture la comptabilité successive de la gestion du général Benaïad comme fermier de la Rabta; par conséquent il n'est pas possible de reconnaître la justesse du solde définitif du dernier de ces règlements des comptes d'orge et de blé ou de l'amra du 1er rejeb 1267, sans reconnaître en même temps celle de toute la comptabilité précédente dont ce dernier compte n'est que le résultat et la conclusion.

Une réserve est faite seulement sur de prétendues erreurs de calcul qui se rencontreraient dans les comptes présentés par le général Benaïad en tout ce qui concerne la Rabta.

Le général Benaïad répond d'abord qu'il ne s'agit pas de ses comptes, ni de la présentation de ses comptes. Il s'agit des comptes dressés sur pièces, contrôlés, vérifiés, arrêtés et signés par le Bey, et qui, par conséquent, constituent des quittances revêtues de l'autorité et du caractère définitif appartenant aux actes souverains.

Quelles sont toutefois ces erreurs de calcul? Quelle en est la nature? Quelle en est l'importance? Quel en est le chiffre? Précédemment, et lorsqu'il s'agissait de disputer la légitimité de la négociation et de la possession des permis de sortie d'huile, destinés à payer une partie des grains entrés dans la Rabta, cette comptabilité de la Rabta était le produit de la mauvaise foi, l'abus de confiance, de la félonie, couvrant les détournements et les déficit fictifs. Quelques pages tournées on a donc oublié tout ce formidable réquisitoire? car maintenant voici qu'on ne réclame plus que contre des *erreurs de calcul.*

Mais ces erreurs de calcul, enfin, quelles sont-elles et où sont-elles? Là-dessus, et suivant l'usage, la réponse tunisienne s'enferme dans un langage si obscur qu'il en est incompréhensible. Le général Benaïad, devant cet embarras qui se refuse toujours aux assertions nettes et aux chiffres francs, en est réduit aux conjectures. Ces erreurs de calcul ont-elles fourni aux agents tunisiens l'imagination du fameux solde à leur profit de 1 600 000 hectolitres de grains?

Ces erreurs de calcul autorisent-elles le Gouvernement tunisien à nier la dette des 17 millions de la négociation Fould-Pastré; la dette des 10 millions de la négociation Donon et compagnie? Ces erreurs de calcul sont-elles récentes ou anciennes? S'il y a une différence, comme on le dit, entre les chiffres du général Benaïad et ses engagements, pourquoi n'indique-t-on pas, n'exprime-t-on pas en termes précis cette différence?

Pourquoi toujours se retrancher dans le vague, l'indécision, l'ambiguïté?

Cette allégation d'erreur dans les calculs n'est que le dernier refuge de l'impuissance des agents tunisiens à contester des comptes et des faits incontestables. Ces comptes, le général Benaïad le répète, ils n'ont cessé un instant d'être conformes aux engagements contractés; ils ont reçu constamment la vérification et la sanction du prince en vertu des pièces comptables, mises sous les yeux du prince et mentionnées dans la comptabilité du prince. Quels incidents nouveaux, ou quelle chicane nouvelle pourrait-on donc élever? Le général Benaïad l'ignore, et il ne peut que protester contre cette tactique dilatoire.

Dans ce même article, le général Benaïad tient compte au Gouvernement tunisien des 15 000 cafis de blé et des 15 000 cafis d'orge, dont l'achat fut l'objet de l'émission des teskerés négociés à MM. Donon et compagnie. Il déduit la somme de cette fourniture de la totalité des grains pour laquelle le Bey lui a délivré ses bons, et dont par conséquent le payement lui est dû. Devant ce fait et cette déduction, le signataire de la réponse tunisienne eût pu difficilement nier l'existence du versement. Il faut toutefois qu'il fasse une protestation, et il en fait une en renvoyant confusément à ce qu'il a dit plus haut. Il a dit plus haut que la négociation Donon n'était pas due, parce que le général Benaïad avait abusé de la confiance de son souverain.

La commission sait depuis longtemps à quoi s'en tenir sur ce point.

Le général Benaïad ne peut accepter les reproches qui lui sont faits, d'avoir cherché à dissimuler les sommes dues par lui pour règlement de compte des dîmes du Kérouan et du Sahel. Le général Benaïad répond qu'il a, au contraire, dans son mémoire précédant celui-ci, traduit et produit les pièces de la comptabilité, c'est-à-dire les amras du Bey mentionnant et rappelant cette réserve. Il a répondu d'avance, dans le même écrit, à ce qu'on lui reproche sur le silence qu'il aurait gardé à propos de ses perceptions de 1268.

Il est trop juste, d'ailleurs, qu'en réclamant le règlement de ce compte, le général Benaïad en justifie les parties en produisant les bons du Bey, en vertu desquels les versements successifs de ces fournitures ont été opérés. Ces bons ou pièces justificatives, ils ont été pour les comptes qui s'arrêtent en 1852 entre les mains du kasnadar; ils seront produits de nouveau, ainsi que ceux que doivent établir le chiffre exact des fournitures de blé opérées depuis 1852, dès l'instant que seront rétablies entre le général Benaïad et ses agents cette liberté et cette sécurité de relations qui, quoi qu'en dise la réponse tunisienne, ont été constamment interrompues depuis les premières violences du Gouvernement tunisien envers le général Benaïad, et qui, il l'espère et il ose le réclamer, seront bientôt rétablies sous l'autorité et la haute impartialité de la commission.

§ III.

FRUITS DE DIVERS FERMAGES PERÇUS PAR LE GOUVERNEMENT TUNISIEN ET APPARTENANT AU GÉNÉRAL BENAIAD.

ARTICLE DIXIÈME.

Minimum, sous réserve de règlement, du bénéfice de la ferme des cuirs et des tabacs pendant ou pour les convenances de lapolitique du Bey, ces deux fermes ont été administrées par ses agents, l'année tout en restant pour la perte ou le profit au compte du général Benaïad. 2 000 000

Texte de la réponse tunisienne.

« Sur ces deux articles, il faut vérifier les comptes de la ferme des cuirs et de celle des tabacs, « pendant l'année; les bénéfices étant pour le compte de M. Benaïad, il est de même débiteur « de la perte qui peut avoir été faite.

« Toutes réservessont faites jusqu'à cette vérification. »

Réplique du général Benaïad.

Sur cet article, les deux parties sont d'accord. Le fermage des cuirs et des tabacs appartient pour l'année mentionnée au général Benaïad. Il en doit recueillir le bénéfice ou supporter la perte. La réponse tunisienne fait sa réserve en cas de perte, elle a besoin d'une vérification pour s'édifier. Le général Benaïad ne craint pas d'affirmer qu'il y a bénéfice pour les deux opérations dans les deux années; que le Gouvernement tunisien ne l'ignore pas, et que le chiffre de ce bénéfice, porté à 2 millions, reste encore au-dessous de la réalité.

ONZIÈME ARTICLE.

Bénéfice de l'affermage pour dix ans de la perception des dîmes, impôts, etc., de Bizerte, Toubourba, et autres, dont les fruits ont été constamment perçus par les agents du Bey.

Cette opération, personnelle au Bey, a été réglée entre Son Altesse et le général Benaïad, par deux amras restés secrets entre eux et dans la possession du général. . . . . . . MÉMOIRE

Texte de la réponse tunisienne.

« Puisque l'objet de cet article est un secret entre Son Altesse et M. Benaïad, nous n'avons

« rien à y répondre, sauf à nous en expliquer plus tard, quand nous aurons reçu les ordres de « Son Altesse. »

Réplique du général Benaïad.

L'ignorance des agents tunisiens ne les a point empêchés de porter dans leur première note, au crédit de leur Gouvernement, les deux obligations d'un million chacune, total deux millions, que le général Benaïad avait souscrites directement et secrètement au Bey pour cette opération. Encore une circonstance qui oblige à se demander comment ces agents sont si bien au courant des affaires du général Benaïad avec le Gouvernement tunisien, quand il s'agit du débit du général, c'est-à-dire de ce qu'il doit, et au contraire si ignorants, si étrangers à toutes ces affaires lorsqu'il s'agit de son crédit, c'est-à-dire de ce qui lui est dû !

En tous cas, le général Benaïad insiste pour rappeler que si une indiscrétion a été commise, si les secrets du Bey ont été dévoilés, ils l'ont été par le fait et la provocation des agents tunisiens qui, en réclamant au général Benaïad les 2 millions par lui souscrits, l'ont contraint par là même à revendiquer les sommes plus considérables qui lui étaient dues de ce chef et par conséquent, à expliquer à la commission ce que sans cela il n'eût communiqué qu'au Bey lui-même.

Cette réserve faite, et pour son caractère le général Benaïad y attache de l'importance, il persiste dans l'exposé qu'il a tracé de toute cette affaire et dans la répétition des sommes qu'il réclame dans sa réponse à la note tunisienne, pages 25-26, à laquelle il prend la liberté de renvoyer la commission.

§ IV.

MARCHANDISES ET VALEURS DE DIVERSES NATURES ILLÉGITIMEMENT SÉQUESTRÉES OU CONFISQUÉES PAR LE GOUVERNEMENT TUNISIEN OU DÉTÉRIORÉES OU PERDUES PAR SON FAIT.

DOUZIÈME ARTICLE.

Marchandises diverses, draps, étoffes communes et précieuses, matières premières accumulées par le général Benaïad dans les magasins de l'établissement dits de la Gorfa et dans ceux de la fabrique de draps. 3 000 000

Texte de la réponse tunisienne.

« Il n'y a rien de vrai dans toutes les allégations de M. Benaïad sur cet article, au moins en « ce qui concerne le séquestre ou la confiscation prétendue faite par le Gouvernement tunisien,

« des marchandises et valeurs par lui délaissées à Tunis. Il doit retrouver le tout entre les mains « de ses agents ; et nous n'avons pas à nous occuper des détériorations qu'ils auraient pu leur « laisser subir. »

Réplique du général Benaïad.

L'assurance de dénégation des agents tunisiens déconcerte parfois pour eux-mêmes le général Benaïad. Les mains pleines de preuves il n'aurait jamais pu supposer qu'on se hasardât à nier le séquestre, les préjudices de toute espèce imposés aux marchandises d'une valeur considérables qu'il possédait à Tunis. Sa stupéfaction est profonde à voir qu'on vienne lui contester que le Gouvernement tunisien l'a empêché de disposer de ses marchandises ; qu'il a interdit à ses agents de les enlever ; qu'il les a frappées de séquestre et qu'en même temps il ne permettait même pas qu'on leur donnât les soins indispensables à leur entretien et à leur conservation. Non-seulement tous ces faits sont la rigoureuse vérité, mais encore la passion persécutrice et l'esprit de destruction étaient poussés jusqu'à s'opposer à la réparation des terrasses des magasins où ces marchandises sont déposées, et d'où les eaux pluviales coulant et séjournant sur elles, les tachaient ou les pourrissaient.

Le général Benaïad était constamment averti de ce désastreux état de chose, sans avoir la possibilité d'y pourvoir. Enfin, quand M. Le Lasseur, de la maison Périer frères, se rendit à Tunis pour y exiger le payement de 5 millions sur la ferme des cuirs, il voulut bien se charger de la procuration du général Benaïad, soit dans le but de retirer les marchandises séquestrées, soit dans le but, au moins, d'empêcher leur complet dépérissement. Malgré ses pouvoirs, l'honorabilité de sa maison, sa considération personnelle, sa qualité de Français porteur de la procuration d'un naturalisé français ; malgré l'assistance et l'intervention de M. le consul général de France, M. Le Lasseur par le fait, et le fait unique de l'opposition et du mauvais vouloir du Gouvernement de Tunis, ne put exécuter sa mission dans aucune de ses parties et ne put que constater au consulat général de France, les faits dans une protestation où il les mettait à la charge et sur la responsabilité du Gouvernement tunisien.

Or, cette protestation articule, détaille et constate toutes les circonstances suivantes :

1° Que les agents du général Benaïad, malgré leur empressement à se prêter à l'accomplissement de la mission de M. Le Lasseur, n'osèrent cependant procéder à la livraison des marchandises de leur mandant, sans en avoir préalablement référé au kasnadar ;

2° Que du kasnadar l'un de ces agents fut mandé au palais du Bey, où sous les plus vives menaces, il lui fut défendu, non-seulement de livrer aucun objet à M. Le Lasseur, mais même d'avoir avec lui la moindre relation ;

3° Qu'en effet, depuis lors, il a été impossible à M. Le Lasseur de parler, ni même de voir cet agent du général Benaïad ;

4° Que pareille défense avait été faite avec de pareils résultats par le kasnadar au second agent du général ;

5° Que, dans ces entrefaites, M. Le Lasseur s'étant rendu chez le kasnadar, assisté de M. le consul général de France et de l'interprète du consulat, et lui ayant présenté directement la demande de disposer des marchandises appartenant au général Benaïad; le kasnadar avait dilatoirement répondu qu'il en référerait au Bey; ce qui prouvait, sans contestation, à M. Le Lasseur, à M. le consul général, et ce qui prouvera à la commission que le Gouvernement tunisien avait bien placé sa main et son interdit sur ces marchandises.

Cependant voyant qu'il ne pouvait obtenir satisfaction entière sur la mise en possession réclamée, M. Le Lasseur, qui avait pu apprécier l'état de détérioration où étaient ces marchandises, se borna à réclamer, sinon leur possession, du moins à procéder contradictoirement avec le Gouvernement tunisien à la constatation de la nature et de la quantité des marchandises existantes et dont jusque-là il n'était pris aucun soin. Il faisait observer que cette constatation était aussi bien dans l'intérêt du Gouvernement que dans celui du général Benaïad.

Mais loin de se prêter au moins à ces simples mesures de conservation et d'ordre, le Gouvernement tunisien ne daigna pas même répondre à cette demande d'un membre d'une des maisons les plus respectables de Paris, transmise par le représentant de la France.

Tous ces faits, ils sont attestés par la protestation de M. Ch. Le Lasseur, reçue et enregistrée en chancellerie du consulat de France à Tunis.

La protestation constate encore que M. Le Lasseur ayant fait un nouvel effort, et assisté, par ordre du consul général, du janissaire du consulat, avait pu parvenir la veille de son départ à rencontrer le second des agents, dont il est plus haut question; qu'il l'invita de nouveau à lui livrer les objets et marchandises dont il avait ordre de s'emparer, et que cet agent lui répondit qu'il ne le pouvait absolument pas, *par suite des défenses itératives* du Gouvernement tunisien.

Une autre pièce, dont nous aurons occasion de parler plus tard, annexée à cette protestation et portant le même caractère officiel, atteste que ces défenses ont été poussées jusqu'à la menace de la peine de mort.

En présence de ces preuves et de ces témoignages, dont personne ne contestera la pureté et la probité, que va penser la commission des dénégations opposées par les agents tunisiens aux réclamations et aux plaintes si fondées du général Benaïad?

TREIZIÈME ARTICLE.

Dépenses d'établissement, achats et envois de machines; approvisionnement de 150 000 kilogr. de cuivre; déboursés pour l'exécution de la monnaie de cuivre de la Régence. 1 500 000

Texte de la réponse tunisienne.

« Les machines que M. Benaïad dit avoir mises à l'hôtel de la monnaie et avoir été prises par « le Gouvernement ont été achetées par lui, c'est vrai, mais lui ont été remboursées, comme « le prouve son compte daté du 24 zilcade 1264, qui porte au débit du Gouvernement p. « 147 336 1/2 pour coût des machines achetées pour le service de la monnaie. Dans son compte « avec le Gouvernement en 1266, il porte aussi au débit de ce dernier 36 679 p. 1/2 pour solde « du coût des machines achetées pour le service de la monnaie, par l'entremise de MM. Pastré

« frères. En voilà assez, nous le pensons, pour faire tomber les assertions sans fondement que « prodigue M. Benaïad. Mais quant à ce qu'il dit, d'avoir laissé à la monnaie du cuivre « frappé et non frappé, ce point mérite vérification, attendu que de tout temps la monnaie était « dirigée par un agent du Gouvernement qui ne donne ni ne reçoit rien sans reçu ; par consé- « quent en vérifiant les reçus des deux côtés, on verra si l'hôtel de la monnaie lui est débiteur ; « le montant en serait porté à son crédit ; si au contraire M. Benaïad reste débiteur, ce sera un « article à ajouter aux sommes que le Gouvernement lui réclame.

« Il n'est pas vrai que, comme le prétend M. Benaïad, le Gouvernement ait fait travailler « avec son matériel et ses machines, car tout ce que nous avons dit plus haut prouve suffisam- « ment que les machines, etc., appartiennent au Gouvernement seul. Quand celui-ci a eu con- « naissance de la fuite de M. Benaïad, qu'il a été par là même reconnu qu'il n'y avait plus rien « à attendre de lui pour l'exécution de ses engagements, il a dû, dans le soin de ses intérêts, « charger d'autres employés à sa convenance de la direction du travail.

« Dans tous les cas, M. Benaïad n'a rien à voir dans tout ce que fait le Gouvernement, dès « lors que, par son seul fait, il l'a délié des contrats qu'il avait passés avec lui. M. Benaïad ne « pourra se refuser à porter à son débit le fermage de l'hôtel pour tout le temps qu'il l'a eu à « sa jouissance. »

Réplique du général Benaïad.

L'initiation complète et détaillée des agents tunisiens dans les comptes de leur Gouvernement et du général Benaïad toutes les fois qu'ils ont intérêt à les bien connaître, ne cessera de contraster avec leur ignorance dont nous avons rencontré tant d'exemples toutes les fois que le général Benaïad leur présente des réclamations auxquelles ils n'ont pas de difficultés à opposer. Sur l'article présent ils ont découvert et ils révèlent que dans un compte du 24 zilcade 1264 le Gouvernement de Tunis a reconnu au général Benaïad 147 336 p. 1/2 et qu'en 1266 il lui a tenu également compte de 36 679 p. 1/2 pour coût de machines achetées pour le service de la monnaie, et ils en concluent avec raison que ces machines ayant été payées par le Gouvernement tunisien, elles lui appartiennent et que le général Benaïad aurait tort de les revendiquer.

Si la question était celle que traitent les agents tunisiens, la prétention serait en effet puérile et insoutenable.

Mais les agents tunisiens n'ont donc pas lu la note du général Benaïad qu'ils transcrivent pourtant dans la leur? Il ne s'agit pas des machines achetées en 1264 et en 1266 ; il s'agit des machines achetées en 1268. Les agents tunisiens ne peuvent donc pas se préserver des confusions les moins naturelles et les plus inexplicables? Le Gouvernement tunisien avait, cela est vrai, voulu pourvoir de machines nouvelles son atelier de la monnaie d'argent, et aux deux époques désignées, 1264 et 1266, il avait chargé le général Benaïad de l'achat de ses machines. Ces machines, elles sont toujours à la monnaie d'argent et le général Benaïad n'y prétend rien. Il prétend aux machines qu'il a commandées en France et en Prusse à la fin de 1852 (1268), afin d'exécuter le contrat qu'il avait passé avec le Bey dans le mois de janvier de la même année, pour la fabrication de la monnaie de cuivre. Il réclame les machines en destination de la monnaie de cuivre qui sont arrivées de Marseille à Tunis à la consignation de M. Thomas d'Alvarès, alors directeur de la monnaie, dans le mois de mai 1853 et dont une partie a été portée à la monnaie par ledit Thomas d'Alvarès. Il réclame le surplus de ces machines qui étaient restées à l'entrepôt de Tunis, et dont le kasnadar s'est emparé pour les faire fonctionner au profit du Gouvernement dans les premiers mois de cette année. Il réclame les cuivres en flans, que toujours, pour l'exécution de son contrat de 1268, il a fait acheter en Angleterre, expédiés par Malte à Tunis, consignés à son ex-agent, Caid Nissim, pour qu'il les délivrât au directeur de la monnaie de cuivre, qui devait les frapper pour le compte du général Benaïad. Il réclame ces flans que par menace on a contraint Caid Nissim à refuser au directeur de la monnaie de cuivre, Thomas d'Alvarès, quoiqu'ils lui fussent destinés, refus dont il a pris prétexte pour intenter un procès au général Benaïad. Il réclame ces flans qui depuis ont été livrés par Caid Nissim au kasnadar, et que ce ministre a fait frapper en monnaie versée au trésor tunisien. Il réclame le prix de 150 000 kilogrammes de flans en cuivre ainsi expédiés successivement à Tunis pour l'exécution du contrat et devenus une non-valeur par l'effet des violences du Gouvernement tunisien. Il réclame l'observation de ce contrat, si scrupuleusement exécuté par lui, si arbitrairement brisé par sa partie adverse, et dont cependant les agents tunisiens ont le courage de prétendre faire peser l'inexécution sur la responsabilité du général Benaïad.

Tel est l'objet et le sujet de la réclamation que le général Benaïad fait figurer dans cet article. Les agents tunisiens ont passé à côté. Pourquoi si souvent répondent-ils à ce qu'on ne leur demande pas, et ne répondent-ils pas à ce qu'on leur demande?

QUATORZIÈME ARTICLE.

Evaluation au minimum des créances dues par divers particuliers, dans la Régence, au général Benaïad. 10 000 000

Texte de la réponse tunisienne.

« Toutes les allégations contenues dans cet article étant contraires à la vérité, et ne s'ap-
« puyant sur aucune espèce de preuves, il doit suffire d'y opposer une dénégation absolue.
« Elles rentrent dans le système de défense que s'est forgé M. Benaïad, de se prétendre la vic-
« time de l'arbitraire et des violences du Gouvernement tunisien, tandis qu'il n'y a d'établi dans
« toute cette affaire, que les torts nombreux et si graves de M. Benaïad, qui réunissent tous les
« caractères de l'évidence.

« Quant à ce que dit M. Benaïad de rendre Son Altesse responsable des dommages provenant
« de la violation des propriétés et des traités internationaux, nous ne savons vraiment ce qu'il
« entend par là; il n'y a rien eu dans les actes de Son Altesse qui puisse seulement se rapporter
« à cette étrange allégation. Son Altesse ne réclame de M. Benaïad que suivant les devoirs qui
« lui étaient imposés pour le temps qu'il était au service de son Gouvernement, et c'est
« uniquement sur cette base que porte la plainte qu'elle vient d'adresser à Sa Majesté l'Em-
« pereur. »

Réplique du général Benaïad.

Nous avons jusqu'ici tant d'exemples de la valeur que la réponse tunisienne attache elle-même aux dénégations absolues qu'elle prodigue si légèrement, qu'il est désormais superflu de s'arrêter à les discuter. La vérité, elle est réelle, consciencieuse, modérée dans les faits exposés par le général Benaïad. La vérité, elle est que le général Benaïad ne peut recouvrer ses créances sur ses débiteurs parce que le Gouvernement interdit à ceux-ci leur libération, comme il interdit aux agents du général l'accomplissement de leurs devoirs envers lui, et de la mission qu'il leur a confiée. Ces abus d'autorité envers un citoyen français, envers un homme investi de la naturalisation française, constitue, quoi qu'en pense le rédacteur de la réponse tunisienne, une violation de la propriété et des traités internationaux.

Avant de quitter définitivement Tunis, le général Benaïad avait réglé tous ses comptes avec le Bey, qui les avait reconnus, sanctionnés et signés. Il était et il est en règle. Il était et il est inattaquable, et un an entier après son départ, le Gouvernement tunisien ne s'est pas avisé de lui découvrir ces crimes, que l'imagination de ses agents a fabriqués pour les besoins de la cause, et qui tombent dans le néant devant les preuves accumulées contre les accusateurs. Le déni de justice dont souffre le général Benaïad, la banqueroute qu'on veut faire peser sur le général Benaïad, il en a déjà dit les motifs et les origines; il a préféré être Français que de rester Tunisien; il a préféré, pour sa personne et pour sa fortune les garanties françaises à l'arbitraire barbaresque. Il a résisté aux intimidations par lesquelles on prétendait le faire rentrer à Tunis, et on ne lui détruit et retient ses marchandises, on ne le dépouille de ses créances, on ne lui séquestre ses propriétés que pour être et rester Français.

« Rentrez, ou il vous arrivera de grands malheurs, » lui écrivait le kasnadar, peu de temps avant la catastrophe de 1853. Le général Benaïad n'a pas obéi, les malheurs ont éclaté; on a voulu le frapper à la fois par la privation de ses propriétés, par la banqueroute sur ses créances. C'est ce qu'il appelle, avec de trop justes raisons, hélas! attenter à la propriété française, et violer les traités internationaux.

§ V.

PROPRIÉTÉS IMMOBILIÈRES DU GÉNÉRAL BENAIAD SÉQUESTRÉES OU CONFISQUÉES.

QUINZIÈME ARTICLE.

Évaluation au minimum des propriétés immobilières possédées dans la Régence par le général Benaïad. 10 000 000

Texte de la réponse tunisienne.

« M. Benaïad dit que S. A. le Bey a fait don à diverses personnes des propriétés à lui « appartenant personnellement; la preuve du contraire est trop évidente pour que cela mérite « une grande explication. Les propriétés subsistent intactes entre les mains de ses agents qui

« jouissent de leurs revenus; et si M. Benaïad persiste dans cette assertion inexacte, il faut qu'il « apporte les preuves nécessaires à l'appui de ce qu'il avance.

« Pour en finir sur l'allégation du séquestre si répété par M. Benaïad, à l'égard de ses « biens de toute nature, nous dirons qu'aucune mesure correspondante au mot séquestre n'a « été prise par le Gouvernement tunisien. Il s'est borné à donner des ordres pour qu'aucune « portion de ces biens ne fût distraite ni aliénée jusqu'au règlement définitif de ses intérêts « avec M. Benaïad, ainsi qu'il était de convenance de le faire, le Gouvernement a donné avis de « cette mesure de simple précaution à M. le chargé d'affaires et consul général de France à « Tunis. »

Réplique du général Benaïad.

Le général Benaïad se plaint qu'on ait séquestré ses propriétés immobilières. Le Gouvernement tunisien répond qu'il n'a rien séquestré, seulement il a donné des ordres pour qu'aucune portion de ces biens ne fût distraite ni aliénée.

Nous demandons au Gouvernement tunisien ce qu'est le séquestre, si ce n'est l'interdiction au propriétaire de l'aliénation et de la libre disposition de ses biens ?

Toutefois, selon la réponse tunisienne, ce séquestre aurait un adoucissement, les agents du général Benaïad percevraient les revenus de ces propriétés.

Cette allégation est encore une fiction comme nous en avons tant trouvé. Biens et revenus, tout est également frappé par la mesure et la conduite du Gouvernement tunisien.

Depuis le 19 mai 1853, le général Benaïad n'a pas reçu une piastre des revenus des immenses domaines qu'il possède dans la Régence; et le moment est arrivé de raconter et de prouver la terreur que les actes du Gouvernement tunisien ont répandue parmi les agents du général Benaïad.

Plusieurs d'entre eux, effrayés, ont passé du côté du Gouvernement tunisien, et sont devenus les propres agents de ce Gouvernement.

Les autres ont été en butte à toute espèce de mauvais traitements. Les uns ont été mis en prison, ce sont les plus heureux. D'autres ont été emprisonnés et de plus bâtonnés. Il en est qu'on a aussi contraints, sous le bâton, à se dessaisir de valeurs considérables, soit en argent, soit en nature, soit en titres appartenant au général Benaïad. Celui-ci ne veut pas livrer les noms, par des raisons faciles à comprendre, mais il présentera à la commission les lettres qui témoignent de ces faits.

Au reste, on a déjà pu juger de la vérité par toutes les circonstances ressortant de la protestation de M. Le Lasseur.

Le général Benaïad a déjà dit à quelles terreurs avaient dû céder ses agents chargés de remettre ses marchandises à son honorable mandataire. Cette terreur, on l'a dit encore, était allée jusqu'à la crainte de perdre la vie. Le général Benaïad, en preuve de cette assertion, qui par elle-même ne serait pas croyable, produit dans les pièces justificatives[1] le procès-verbal officiel du consulat français, contenant le témoignage de MM. Le Lasseur, Hafiz-Khodja, secrétaire-interprète, em-

1. Voir pièce justificative, n° 5.

ployé à la préfecture d'Alger, Ismaël-ben-Abdallah, janissaire, attaché audit consulat-général de France à Tunis, sur la réalité de cette menace de mort faite aux agents de Benaïad s'ils se permettaient de disposer, selon les ordres du général Benaïad, de la propriété du général Benaïad.

Cette intimidation, il est bon cependant que la commission en connaisse toute l'intensité.

Un fait également officiel pourra la lui faire apprécier. L'intimidation, elle était si universelle à Tunis en tout ce qui concernait les intérêts du général Benaïad, qu'elle s'étendait jusqu'aux plus hauts fonctionnaires de l'État; et une seconde protestation[1] de M. Le Lasseur en offre la preuve énergique. Ne pouvant obtenir satisfaction du Gouvernement tunisien, il invoque l'autorité française pour aller faire au moins une sommation légale au général Farhat, directeur de la ferme des cuirs, sur lequel est assignée la délégation au porteur de 5 millions, dont la maison Périer est cessionnaire. Accompagné de deux fonctionnaires du consulat général, M. Le Lasseur se présente à la ferme des cuirs, mais il lui est impossible de pénétrer jusqu'auprès du directeur chargé du payement de la délégation. Ce dernier se cache et persiste à ne point se montrer. M. Le Lasseur se retire. Mais sur l'insistance de M. le consul général il retourne, avec la même suite, à la ferme des cuirs pour exiger du directeur ou le payement du titre, ou sa déclaration en refus de payement; après une nouvelle lutte, on ne peut obtenir que l'accès, auprès du général Farhat d'un des employés consulaires, qui lui demande seulement qu'un notaire soit présent pour constater sa déclaration : le général Farhat s'y refuse; l'employé du consulat essaye alors de lui présenter le mandat signé par le Bey pour qu'il en prenne connaissance; à cette tentative, le général Farhat s'effraye, il repousse le papier terrible, il couvre ses yeux de sa main et s'écrie avec trouble : Je ne veux rien voir ni rien entendre.

Il fallut se retirer une seconde fois, et les témoins de cette scène n'exprimèrent pas avec peu de vivacité le désordre profond d'esprit qu'y avait laissé voir le général Farhat.

Enfin les agents tunisiens ont-ils donc oublié la persécution qui a pesé sur la femme, sur le fils du général Benaïad ? Ont-ils oublié qu'on les a tenus violemment séparés de leur protecteur naturel, de l'époux et du père ? Ont-ils oublié que rien n'a pu vaincre la dure obstination de leur Gouvernement et qu'il a fallu, pour lui arracher ces otages tremblants, la main, l'intervention et jusqu'à la ruse de la France ? Cet excès ne donne-t-il point créance aux autres et moindres excès ? Et le présent, lui-même, ne vient-il pas encore corroborer les témoignages du passé ?

En effet, presqu'au moment même où il imprimait ces paroles, le général Benaïad était forcé de s'adresser à la haute intervention de S. Ex. M. le ministre des affaires étrangères, afin d'obtenir son assistance contre de nouveaux actes de compression et de force du Gouvernement tunisien. Cette lettre, la commission certainement en aura connaissance. Voici les faits qu'elle signale : Non-seulement aujourd'hui le Gouvernement tunisien empêche les débiteurs du général Benaïad de s'acquitter envers lui, mais encore, sur le témoignage d'un domestique qui l'a quitté pour entrer au service du kasnadar, on prétend contraindre le gendre et l'agent du général Benaïad, sous peine de prison, à payer à ce domestique, sur son simple témoignage, 5000 francs qui ne lui ont jamais été dus, et que dans tous les cas on ne pourrait réclamer qu'au général lui-même. On agit de même ponr une réclamation des ouvriers de la fabrique de draps, fermée par la volonté du Gouvernement tunisien, que le Gouvernement tunisien fait chômer par conséquent; et on veut aussi faire payer personnellement ce chômage par ce même agent !

1. Voir pièce justificative, n° 6.

N'est-ce pas rendre impossible et inabordable la mission de gérer à Tunis les affaires du général Benaïad?

Bien plus encore : le fils du général Benaïad, enfant de douze ans, a ses biens personnels; il a tout récemment invité son régisseur à verser le produit de ses revenus dans les caisses d'une maison française. Le kasnadar l'a su et il a immédiatement ordonné au régisseur de suspendre ce versement jusqu'à ce qu'il eût donné des ordres ultérieurs. Ces faits résultent de la lettre de ce régisseur lui-même et elle est arrivée par le dernier courrier. Le général Benaïad la joint aux pièces justificatives[1]. Ainsi, du père la spoliation commence à rejaillir sur le fils; ainsi, les propriétés de l'enfant ne sont pas même à l'abri des passions qui s'agitent contre le père! On continue sur les biens de cet enfant le séquestre qu'on a voulu jusqu'au bout faire peser sur son innocente personne! Certes, tous ces actes, mais les derniers surtout, sont essentiellement blessants pour la dignité et la justice du haut et puissant arbitre qui a été choisi. Ils sont essentiellement contraires à tous les engagements résultant de l'invocation et de l'acceptation de cet arbitrage. Il suffit au général de les signaler. La commission et l'Empereur ne seront point embarrassés de faire respecter et leur dignité de Gouvernement et leur autorité de juge.

SEIZIÈME ARTICLE.

Sommes et valeurs laissées par le fils du général Benaïad à sa mort, en 1852. . . . MÉMOIRE.

Texte de la réponse tunisienne.

« M. Benaïad signale une grande ingratitude de sa part, en ne parlant de la mort de son fils « à Gammart que pour se plaindre de la conduite de Son Altesse; un grief aussi peu légitime « nous oblige à dire que, lorsque Son Altesse fut informée de la maladie de son fils, elle s'em- « pressa de lui envoyer ses propres médecins pour l'assister nuit et jour. Son Altesse étant « tombée malade elle-même, elle se trouva privée par là du secours des hommes de l'art jouis- « sant de sa confiance; elle porta même l'attention et la bonté pour ce jeune homme jusqu'à « faire partir le signataire de cette note pour aller prendre et lui apporter des nouvelles du « malade.

« Est-il besoin d'ajouter après cela que Son Altesse n'a pris aucune des mesures acerbes que « M. Benaïad allègue avec aussi peu de convenance que de vérité. ? Tout ce qui compose la « succession du fils Benaïad existant dans la Régence se trouve entre les mains de ses agents, « parmi lesquels on compte son neveu Hemeda Benaïad et son beau-frère Zoulân. »

Réplique du général Benaïad.

Sur cet article, le général Benaïad n'a qu'une courte réponse à faire. Il conteste les allégations des agents tunisiens; il maintient la véracité des siennes; il répète que rien ne lui a été remis

1. Pièce justificative, n° 7.

de la succession de son fils. Suivant leur habitude, les agents tunisiens ne nient point ce fait, ils en articulent un autre. Ils disent que l'héritage a été remis aux mains du neveu et du beau-frère du général. Ce dernier a toute raison de croire qu'encore ici la réponse tunisienne avance pour le moins une erreur; et si en effet cet héritage a été remis aux personnes que l'on nomme, il est si facile au Gouvernement de le prouver, qu'il y a lieu de s'étonner qu'il ne le prouve pas.

§ VI.

DIX-SEPTIÈME ARTICLE.

Intérêts à 6 pour 100 dus sur toutes les sommes échues et non liquidées par la faute du Gouvernement tunisien. . . . . MÉMOIRE.

Texte de la réponse tunisienne.

« Après tout ce qui précède, il n'y a guère moyen de répondre sérieusement à la prétention « d'une allocation d'intérêts en faveur de M. Benaïad; la forme dans laquelle elle est présentée « montre suffisamment qu'elle n'est pas sérieuse elle-même. »

Réplique du général Benaïad.

Cette demande du général Benaïad n'est pas moins sérieuse que celles qui la précèdent, et on ne comprend pas ce qui, en elle, peut exciter la gaieté de la réponse tunisienne. N'est-il pas juste, en effet, n'est-il pas conforme à l'usage et au droit, que le Gouvernement tunisien ait à tenir compte à son créancier des sommes dont volontairement il ajourne le payement ou la liquidation? Par exemple, la délégation du Bey sur le sabtab s'élevant à plus de 3 millions de piastres, date de 1846, c'est-à-dire de huit ans; l'intérêt motivé par un si long retard n'est-il pas incontestablement acquis au général Benaïad et n'en est-il pas de même pour toutes les sommes qui, sans remonter aussi haut, ont éprouvé et éprouvent des ajournements de plus en plus préjudiciables?

Il y a donc là évidemment un nouveau compte à faire, et comme tous les éléments n'en peuvent être réunis qu'après la balance des comptes contradictoirement opérée, le général Benaïad, sous toutes réserves, a porté cet article *pour mémoire;* mais cette *forme*, selon les expressions du rédacteur de la réponse tunisienne, n'enlève rien ni à la gravité ni à l'équité de la réclamation.

§ VII

DIX-HUITIEME ARTICLE.

Indemnité due pour violation et rupture des contrats. MÉMOIRE.

Texte de la réponse tunisienne.

« La prétention de M. Benaïad à obtenir une indemnité à raison d'une violation des contrats de « la part de Son Altesse le Bey a quelque chose de vraiment dérisoire; elle est tout au moins « contraire aux premiers principes du droit commun de tous les temps et de tous les pays. « Comment! c'est M. Benaïad qui demande une indemnité, et c'est lui qui a rompu le contrat, « qui a déserté sa double qualité de fonctionnaire de l'État et de sujet tunisien, sans laquelle « Son Altesse n'aurait point contracté avec lui; c'est lui qui a diminué et réduit presque à néant « les sûretés que la haute partie contractante rencontrait dans M. Benaïad en traitant avec lui; « c'est lui qui vient aujourd'hui demander qu'on l'indemnise des suites de la rupture de ses en- « gagements? Nest-ce pas au contraire à la partie lésée par cette dissolution des contrats prove- « nant du sens fait de l'autre partie contractante, et seulement elle qui a le droit écrit dans « toutes les lois régissant cette matière, de demander et d'obtenir des indemnités?

« Nous ne pouvons cependant nous empêcher d'ajouter quelques mots en ce qui touche le « contrat de la banque sur lequel M. Benaïad a le courage de porter une énonciation spéciale. « En vertu de l'amra qui conférait à M. Benaïd la direction de la banque, le Gouvernement lui « confia une quantité de billets destinés à être mis en circulation, à condition que ces billets « ne le seraient que contre le dépôt de l'équivalent en numéraire à faire par lui dans les caisses « de la banque. Après la fuite de M. Benaïed, on a trouvé en circulation des billets pour une « somme de p. 1 610 850, sans en trouver à la banque la contre-valeur en numéraire; on n'y a « pas trouvé davantage le surplus des billets composant le solde des 4 888 600 p.; de là une « grande souffrance dans le crédit du Gouvernement, et stagnation des affaires de la banque « même; comment après cela pouvoir admettre que ce serait le Gouvernement qui devrait lui « payer une indemnité, si ce n'est pour le préjudice qu'il souffre lui-même, au moins pour celui « qui peut résulter envers M. Benaïad, d'un événement dont il est l'unique auteur? »

Réplique du général Benaïad.

Le général Benaïad commence par écarter dans ces récriminations tout ce qui concerne le contrat de la banque, auquel la réponse tunisienne revient pour la troisième fois. Dans son mémoire précédent du mois de juin dernier, il y a suffisamment répondu. Dans cet écrit, il a prouvé que le contrat ne l'obligeait nullement à déposer dans les caisses de la banque une somme de numéraire égale à celle de la circulation des billets. Il a prouvé que cette condition eût-elle été stipulée dans le contrat, il l'aurait encore remplie, le Gouvernement tunisien étant nanti de sommes supérieures à celles des billets en circulation. Il a prouvé que si le surplus des billets, les billets non circulants, n'était pas dans les caisses de la banque où le général aurait pu être imprudent de les laisser, ils étaient néanmoins à Paris en son pouvoir, à la disposition de la commission et à celle du Gouvernement tunisien lui-même, moyennant le règlement et le payement des justes réclamations qu'on lui présente.

Le général Benaïad a donc fidèlement observé ce contrat, comme il a observé tous ceux qui le lient envers le Gouvernement tunisien. C'est ce Gouvernement qui les a tous rompus arbitrairement et violemment. Il a causé et il cause par là d'immenses dommages au général Benaïad ; il lui en doit sans doute l'indemnité.

Il faut remarquer l'attitude tout opposée que prennent dans cette question le général Benaïad, d'une part, et de l'autre les agents du Gouvernement tunisien.

Le général Benaïad affirme et prouve par les faits les plus éclatants que le Gouvernement tunisien a suspendu ou brisé les contrats, et les agents eux-mêmes du Gouvernement ne le contestent ni ne le peuvent contester. La réponse tunisienne, au contraire, prétend que le général Benaïad doit être responsable de cette violation, parce que « *il a déserté sa double qualité de fonctionnaire de l'État et de sujet tunisien, sans laquelle Son Altesse n'aurait pas contracté avec lui ;* » d'où ces conclusions « *qu'il a diminué et réduit à néant les sûretés qu'il présentait à Son Altesse.* »

Ici encore reparaît dans tout son jour la pensée qui ne cesse d'inspirer le Gouvernement tunisien dans cette longue et douloureuse querelle.

Le crime du général Benaïad, il est toujours le même. Le crime du général Benaïad c'est toujours d'être naturalisé Français. Tous les torts qu'on lui reproche, ils ne sont que dans son acte de naturalisation. Le Gouvernement tunisien ne peut pas dissimuler jusqu'au bout son vrai grief et sa préoccupation; elle l'entraîne malgré lui; la force de la vérité l'emporte et le domine. A part le contrat de la banque, le général Benaïad est-il en effet accusé d'avoir manqué à l'exécution matérielle d'une seule des clauses exprimées dans ses contrats? Non. Le général Benaïad n'est plus sujet de Tunis; le général Benaïad est Français; voilà ce qui, selon la réponse tunisienne, constitue la violation des contrats par le général Benaïad et diminue les sûretés qu'il présentait à Son Altesse.

En vérité, est-ce sérieux?

Le Gouvernement tunisien oublie donc qu'il a voulu passer de nouveaux contrats avec le général Benaïad; qu'il l'en a sollicité après la naturalisation connue du général Benaïad? Celui-ci était naturalisé Français lorsque le kasnadar le pressait avec prière de fournir aux magasins de l'État 30 000 cafis de grains contre une nouvelle aliénation de teskérés de sortie d'huiles. — Le Gouvernement tunisien oublie donc qu'encore après cet acte de naturalisation, le général Benaïad a été nommé l'un des envoyés extraordinaires du Bey auprès de l'Empereur des Français? le Gouvernement tunisien oublie donc que tous les jours il passe des contrats et il fait des marchés avec des personnes qui n'appartiennent pas à la domination tunisienne? Il y a plus encore; le Gouvernement tunisien, en ce moment même, ne compte-t-il point dans son conseil des ministres un personnage distingué qui n'est point sujet tunisien, qui est citoyen d'un État voisin de la France et qui même est souvent investi des missions les plus délicates et les plus confidentielles du souverain? Est-ce que ce personnage ne présente point cependant au Gouvernement qui l'emploie toute la sécurité désirable? Supporterait-il qu'on se défiât de sa loyauté dans l'accomplissement de ses devoirs, de sa fidélité dans l'exécution de ses engagements, parce qu'il n'est point directement le sujet de Son Altesse? et comment ce qui est légitime, licite, sans danger pour un des ministres de l'État, pourrait-il être illégitime, alarmant et périlleux dans un simple fournisseur de l'État, dans un simple contractant avec l'État?

Non, il n'est pas vrai de dire que le changement de nationalité du général Benaïad ait diminué les sûretés qu'il pouvait offrir au Gouvernement tunisien à la date de la signature des contrats, pourvu que dans ces sûretés on n'ait mentalement sous-entendu rien d'excessif ou de tyrannique, ce qui n'est ni avouable ni supposable. Il est certain que ce changement de nationalité empêche qu'on ne puisse agir par intimidation sur le contractant naturalisé, ainsi qu'on l'a fait avec succès sur ses agents; il est vrai que ce changement de nationalité soustrait sa fortune à l'arbitraire d'une confiscation, et que le séquestre dont on en a frappé une partie, devient dès lors une atteinte au droit des gens. Mais les biens du général Benaïad, à Tunis comme à Paris, ne cessaient point, pour cette nationalité changée, de répondre de l'accomplissement de ses obligations. Cet accomplissement, il le doit devant la loi tunisienne et devant la loi française. La loi française ne le refusera pas à quiconque le réclamera d'elle avec droit. Les contrats du général Benaïad l'engagent envers le Bey aussi complétement à Paris qu'à Tunis, et il répète qu'il les a aussi scrupuleusement observés à Paris qu'à Tunis.

En sollicitant la naturalisation française, le général Benaïad n'a fait qu'user d'un droit naturel, commun à tous les hommes et spécialement stipulé dans les traités réciproques entre la France et la Régence de Tunis. Incontestablement, cette naturalisation, qui est dans le droit naturel, qui est dans le droit écrit et qui n'était interdite ni explicitement ni implicitement par les contrats eux-mêmes, ne peut pas être une violation et une rupture de ces contrats.

Toutefois, la réponse tunisienne refuse absolument au général Benaïad tout droit à indemnité pour le dommage qu'il a subi par la suspension et la rupture de ces mêmes contrats, et elle prétend, pour le Gouvernement tunisien, au droit et de briser ouvertement les contrats et de tirer une indemnité de sa propre violence, pour l'unique raison que le général Benaïad a été naturalisé par la France.

Cette prétention paraîtra peut-être un peu extrême à une commission française.

LE GÉNÉRAL MAHMOUD BENAIAD.

Paris, le 20 septembre 1854.

PIÈCES JUSTIFICATIVES

Pièces justificatives, n°s 1, 2, 3.

Traduction de trois comptes ou teskérés portant le détail des sommes dues au général Benaïad, et accompagnés de la déclaration signée par le Bey que le solde de ces trois comptes est réglé par le mandat au porteur de cinq millions sur la ferme des cuirs.

N° 1.

Piastres.	Cbet.	Fels.	
49 595	»	»	pour fournitures en bois de construction de l'Alk-el-Oued.
15 044	»	»	id. id. pour l'artillerie.
2 590	»	»	id. id. pour la mahomédie.
2 240	»	»	id. id. pour la presse à huile de Sidi-Lémin-Bey.
6 790	»	»	id. id. pour la mahomédie.
76 259	»	»	
1 372	»	»	id. id. pour la presse à huile de Tébourba.
210	»	»	id. id. pour les charretons du général Selim.
350	»	»	id. id. pour l'hôtel de la Monnaie.
140	»	»	id. id. pour les charrettes du général Osman.
931	»	»	id. id. pour les charrettes du Bardo.
79 262	»	»	
670	»	»	id. id. pour les charrettes de Sidi-Ahmed-Bey.
700	»	»	id. id. pour le vizir des affaires étrangères.
840	»	»	id. id. pour le deuxième régiment.
140	»	»	id. id. pour l'Alk-el-Oued.
1 250	»	»	id. id. pour le cinquième régiment.
82 862	»	»	
25	»	»	id. id. pour la cavalerie.
980	»	»	id. id. pour la presse à huile de Sidi-Lémin-Bey.
83 867	»	»	
7 500	»	»	pour fournitures de marbres pour Gar-el-Melleh.
5 600	»	»	id. id. pour la mahomédie.
700	»	»	id. id. pour le Bardo.
300	»	»	id. id. pour la maison du consul d'Autriche.
750	»	»	id. id. pour la mahomédie.
1 050	»	»	id. id. pour notre fils le général Farhaat.
595	»	»	id. id. pour la cavalerie.
100 362	»	»	
1 800	»	»	id. id. pour le dallage de l'hôtel de la Monnaie.
48	»	»	id. id. id. du Bardo.
30	»	»	id. id. id. id.
180	»	»	id. id. id. id.
102 420	»	»	
5 171	»	»	frais de transport de briques et de chaux pour la mahomédie.
15 615	»	»	pour fourniture de macaroni et autres pâtes.
12 609	»	»	id. de chaux et briques.
3 104	»	»	id. de tabac.
787 3/4	2	1	id. de charbon.
139 706 3/4	2	1	A reporter.

Piastres.	Cbts.	Fels.	
139 706 3/4	2	1	Report.
1 343 3/4	»	»	pour aumônes faites à la mahomédie.
600	»	»	pour deux montres à savonnette.
650	»	»	pour farine française.
28 240 1/4	»	»	dépenses pour les troupes de Gerbi d'après le compte du général Osman.
1 748	»	»	pour victuailles fournies à un bâtiment à vapeur autrichien.
3 600	»	»	pour fourniture de 4 mules et 1 chameau.
25	»	»	id. de farine française.
20	»	»	id. de farine française.
27	»	»	id. de jarres.
2 000	»	»	id. de 4 voitures.
1 000	»	»	pour émoluments des cheiks de Kérouan.
1 800	»	»	pour agneaux fournis au général Hamet dans son voyage aux Métalit.
3 000	»	»	pour une paire de pistolets dorés.
183 761 3/4	»	»	
1 500	»	»	pour fourniture d'une montre.
3 500	»	»	id. d'huile et froment livrés au général Saléh.
658 1/4	»	»	pour frais de réparations faites à la maison de l'Abdeliah.
1 264 1/4	»	»	id. id.
1 030 3/4	»	»	id. id.
15 442 1/2	»	»	pour permis d'huile.
207 156 1/2	»	11	
45 205 1/2	»	»	pour le restant du compte du sel.
825	»	»	pour la mahomédie.
5 431 1/4	»	»	pour frais de la presse à huile.
6 010 3/4	»	10	dépenses faites pour les troupes, pendant quatre mois finissant en rabi-el-aoual 1267.
5 098 1/2	»	»	pour frais de dallage à la mahomédie.
269 727 1/2	»	8	
8 598 3/4	»	10	dépenses pour l'hôpital.
1 423	»	»	location des charrettes pour aller à Carthage.
3 540	»	»	pour briques et chaux.
2 959 1/4	2	»	pour réparations faites à la maison de l'Abdeliah selon le compte de l'oukil.
4 156 1/2	»	»	pour chaux et briques pour la maison du général Sidi-Mohamed-Morabet.
1 595 1/4	»	»	dépenses faites pour les zouaves et autres.
10 000	»	»	id. pour la maison de campagne de Sidi-Mohamet-Bendiaf.
302 000 3/4	2	2	
61 392 1/4	»	3	montant du compte de bois de construction de l'Alk-el-Oued.
2 100	»	»	pour diverses pièces de bois pour les moulins de la mahomédie.
11 301 1/2	»	»	pour 32 pièces de bois (nommé zand) pour l'arsenal de la marine.
850	»	»	pour 50 rayons de roue très-longs.
377 644 1/2	»	5	
55	»	»	pour charbon fourni au 1er régiment.
325	»	»	pour macaroni et autres pâtes pour la soupe, fabriquées en Europe.
60	»	»	id. id. id.
8 000	»	»	pour 2 pianos fournis au palais de la mahomédie.
214 153	»	1	pour les présents envoyés à Londres.
600 237 1/2	»	2	A reporter.

Piastres.	Chat.	Fels.	
600 237 1/2	»	2	Report.
14 971 3/4	2	»	salaires des ouvriers boulangers du 1er régiment, pour 998 cafis, à 15 piastres pendant cinq mois, finissant en rabi-el-tani 1267.
11 681 1/4	»	»	salaires des ouvriers boulangers de la mahomédie pour 778 cafis, à 15 piastres pendant le même temps.
9 367 1/2	»	»	salaires des ouvriers boulangers du Bardo, pour 624 cafis pour le même temps.
1 085	»	»	id. id. de l'Alk-el-Oued, pour pain ordinaire et pour 434 cafis à 2 piastres et demie.
8 715	»	»	id. id. pour pain de soldat, pour 871 cafis à 10 piastres pendant le même temps.
32 000	»	»	olives pour la troupe.
3 700	»	»	gâteaux distribués à l'occasion de la fête de Mouled pour l'an 1267.
6 250	»	»	raisins pour fabrication du vinaigre de la troupe pour 1266.
10 500	»	»	pour mouture de 1500 cafis blé pour la subsistance de la troupe.
23 315	»	»	pour paille des animaux des 4e et 5e régiments, pour l'Abdada, le Bardo et la Casba pour un an et demi finissant en rabi-el-aoual 1267.
50 128 3/4	»	10	transport hors ville des grains par les soins du chef des chameliers, à compter du 8 sfar 1261 jusqu'à la fin de rabi-el-tani 1267.
1 500	»	»	complément des frais de location de la terre de Zaouarin par le général d'infanterie Ibrahim.
500	»	»	coût de trois chameaux pour les norias du Bardo.
1 540 3/4	»	»	coût de bois de construction de l'Alk-el-Oued.
775 492 1/4	»	»	Total.

LOUANGE A DIEU!

On tiendra compte à notre cher et illustre fils le plus parfait, le général Benaïad, de la somme de 775 492 piastres 1/4 qu'il a dépensée pour les objets ci-dessus mentionnés en détail. Il nous a soumis les titres ou teskérés y relatifs, et nous les avons déchirés après les avoir examinés.

Écrit le 25 rejeb 1267.

Signé : AHMED PACHA BEY.

Vient ensuite l'annotation suivante :

Cette somme a été réglée par le teskéré de 5 millions de piastres que nous lui avons délivré sur la régie des cuirs, lequel est payable dans l'intervalle de quatre années. Ce teskéré est en date du 20 rabi-el-tani 1268.

Je certifie que le présent état de dépenses est conforme à l'original écrit en langue arabe qui m'a été présenté, et que j'ai examiné et collationné avec le plus grand soin.

Paris, le 28 juillet 1864.

Signé : DESGRANGES, *premier secrétaire-interprète de l'Empereur.*
P. L. L. O., *administrateur de l'École des jeunes de langues.*

N° 2.

LOUANGE A DIEU!

Ceci est le compte détaillé de notre cher fils le général Benaïad, en dépenses et en recettes.

DÉPENSES.

	Piastres.	C^hes	Felds.
Compte des dépenses payées en vertu de notre teskéré en date du 25 houdja 1266; dont le détail est inscrit sur notre registre.........	1 730 208 3/4	»	»
Autres dépenses qu'il a faites en vertu de notre teskéré en date de la fin de rabi-el-tani 1266; dont le détail est inscrit sur notre registre.	2 635 079 3/4	»	»
Restant de son compte d'équipement des troupes durant trois ans, comptés de chaban 1263, ainsi que cela est mentionné dans notre teskéré du 14 sfar 1267; lequel équipement lui a été affermé par un teskéré qui est entre ses mains..................................	736 343	»	»
	5 101 631 1/2	»	»
Montant de notre teskéré en date du 18 kada 1265, relatif aux dépenses qu'il a faites pour les affaires du Gouvernement.............	82 518	»	»
Montant des dépenses qu'il a faites en vertu de notre ordre verbal.	400 000	»	»
Montant de ce qu'il a payé pour coût de blé et d'orge que nous lui avons achetés par nos ordonnances, qui se trouvent entre ses mains. Cette somme est en dehors de celle que nous lui avons payée en teskérés d'huile...	1 375 000	»	»
Total à son crédit.................	6 959 149 1/2	»	»

RECETTES.

Compte des recettes effectuées par le général, lesquelles doivent être déduites de la somme ci-dessus.

	Piastres.					
Total des permis d'huile dont il est débiteur et qui se trouvent en dehors des permis d'huile qu'il a reçus pour achat de froment et d'orge. .	108 883 3/4	»	»			
Produit des terres du Gouvernement et des casernes en dehors des revenus de ces terres cédées à d'autres personnes................	112 891	»	»			
Le montant de l'arriéré qu'il doit dans le compte de la régie des cuirs pour un an, commençant le 1er chaban 1263, comme cela est stipulé dans notre teskéré..................	173 306	»	»			
Le montant de l'arriéré qu'il doit dans le compte de la régie des cuirs pour un an, commençant le 12 chaban 1264, comme il est dit dans notre teskéré........................	1 250 983 1/2	»	»			
Le montant de l'arriéré qu'il doit dans le compte de la régie des cuirs pour un an, commençant le 23 chaban 1265, comme il est dit dans notre teskéré........................	1 226 753	»	»			
Le montant du caïdat de l'ouatan pour deux ans finissant à la fin de rabi-el-tani 1266..	200 000	»	»			
Total à son débit.......	3 072 817 1/4	»	»	3 072 817 1/4	»	»
Différence au crédit du général........................				3 886 332 1/4	»	»

LOUANGE A DIEU!

Le présent teskéré est entre les mains de notre fils le général Mahmoud Benaïad. Nous avons réglé notre compte avec lui relativement à ses dépenses et à ses recettes portées ci-dessus et nous avons, après examen, déchiré les teskérés de ses dépenses.

Le montant de la somme qui lui reste due s'élève à 3 886 332 1/4 piastres tunisiennes, comme cela est expliqué ci-dessus, que nous autorisons notre cher fils kasnadar à lui payer, et ceci est en dehors des 13 048 053 1/2 piastres, qu'il a reçues de nous en permis d'huile et dont il nous rendra compte conformément aux conventions intervenues entre nous et lui à ce sujet.

Signé : AHMET PACHA BEY.

Écrit le 19 rabi-el-aoual 1267.

Suit l'annotation ci-après :

Cette somme a été réglée par le teskéré de 5 millions de piastres que nous lui avons délivré sur la régie des cuirs, lequel est payable dans l'intervalle de 4 années. Ce teskéré est en date du 20 rabi-el-tani 1268.

Je certifie que le présent état de dépenses et de recettes est conforme à l'original écrit en arabe qui m'a été présenté, et que j'ai examiné et collationné avec le plus grand soin.

Paris, le 28 juillet 1854.

Signé : DESGRANGES, *premier secrétaire-interprète de l'Empereur.*
P. L. L. O., *administrateur de l'École des jeunes de langues.*

N° 3.

Etat des sommes dues par le Bey aux personnes ci-dessous désignées et qui ont été données en payement à Sidi Mahmoud Benaïad par les personnes dont s'agit.

Piastres.	
64 954	Le montant de ce qui est dû par le Bey à Abdallah Maktouf, dont 42 330 piastres pour prix des chamelles à lui achetées.
28 439 1/2	Le montant de ce qui est dû par le Bey à Mahomed ben Cherouda, dont 16 830 pour prix de chamelles à lui achetées.
90 500	A valoir sur ce qui est dû par la tribu de Métalit.
183 893 1/2	

LOUANGE A DIEU!

On tiendra compte à notre illustre fils le général Mahmoud Benaïad de la somme de 183 893 1/2 piastres, spécifiée dans le montant des trois articles ci-dessus, que nous avons reçue des mains de notre fils Ahmet aga.

Écrit le 1er djoumad-el-aoual 1267.

Signé : AHMET PACHA BEY.

Vient ensuite l'annotation ci-après :

Cette somme a été réglée par le teskéré de 5 millions de piastres que nous lui avons délivré sur la régie des cuirs, lequel est payable dans l'intervalle de quatre années. Ce teskéré est en date du 20 rabi-el-tani 1268.

Je certifie que le présent compte est conforme à l'original arabe qui m'a été présenté, et que j'ai examiné et collationné avec le plus grand soin.

Paris, le 28 juillet 1854.

Signé : DESGRANGES, *premier secrétaire-interprète de l'Empereur.*
P. L. L. O., *administrateur de l'École des jeunes de langues.*

Pièce justificative n° 4.

LOUANGE A DIEU !

Ceci est le compte qu'a présenté notre très-cher fils MAHMOUD, général de division.

RECETTE.

	Piastres.	
Le reliquat dû par lui dans son compte précédent, en date de djoumad-el-aoual 1264, est de........	655 764	25

DÉPENSE.

Prix de pâtes et de macaroni, en vertu de nos teskérés........	33 328	»
Dépenses pour les affaires du Gouvernement........	15 775	»
Dépenses faites à Gerbi par la main de notre fils Osman, général de division........	22 786	»
Dépenses pour les affaires du Gouvernement faites à Bizerte par les mains de Schaban Elmo Kadeur..	19 484	»
Dépenses pour la construction des maisons de la police à Gamarte........	2 925	»
Dépenses pour les Bourges de Bizerte, en vertu d'un teskéré........	21 178	»
Payé pour charbon, selon teskéré........	5 358	»
Teskérés pour plâtre, briques, dalles et marbres, meubles pour le cheick Si-Mohammed-ben-Saloma et 4000 piastres pour dépenses faites à la maison de campagne Sidi-abi-el-Hassen, et 3000 piastres dépensées pour la caserne du 7ᵉ régiment. Total........	62 847	50
Prix de tabac haché, par l'entremise de M. Touni-Bono, général de brigade........	2 410	»
Dépenses pour les maisons des soldats faisant patrouilles........	4 779	»
Prix des bois de construction, par l'entremise de Gasparini, pour le moulin à vent de Soliman et autres endroits........	3 804	»
Dépenses pour les affaires du Gouvernement à Hammamat........	63	»
Argent reçu par l'entremise de notre cher fils Salet, général de division........	1 000	»
Dépenses dans les affaires du Gouvernement ainsi qu'à Bizerte........	10 704	»
Prix de briques et plâtres pour le Gouvernement........	19 201	»
Dépenses pour les affaires du Gouvernement à Gerbi........	12 034	»
Dépenses pour les affaires du Gouvernement dans El-Ouatan-el-Kebli........	8 439	»
Dépenses sur les maisons de la patrouille à Tunis........	209	»
Prix de feytoura (matière de construction), selon teskérés........	3 904	»
Dépenses pour les affaires du Gouvernement à Ammamat........	602	»
Dépenses pour la boulangerie de Halk-el-Oued pour les années 62 et 63........	34 157	»
Prix du raisin pour faire du vinaigre, pour l'an 63........	5 285	»
Prix de chaux et briques pour le Mohammedia........	1 734	»
Dépenses pour les affaires du Gouvernement dans l'ouatan El-Kebli........	10 482	»
Frais de transport de lances........	216	»
Dépenses sur la maison de Cantara........	24 926	»
Prix de briques et plâtre........	5 737	»
Pour plâtre employé au bourge de Carthage........	7 725	»
Dépenses sur la maison de Cantara aussi........	5 098	»
Dépenses sur la maison des Anglais........	2 845	»
Prix de marbres du palais de Bardo........	8 296	»
A reporter........	353 925	50

	Piastres.	
Report......	353 925	50
Dépenses pour réparations de la presse à huile neuve, dans la Casbah............................	10 952	»
Dépenses pour réparations de Hammam-el-Unf..	1 977	»
Pour plâtre pour Carthage..	13 135	»
Teskéré pour prix de tabatières..	22 000	»
Teskéré pour prix de bijoux achetés à Fould..	83 557	»
Teskéré pour compléter le prix des diamants achetés à M. Moiena.....................	80 843	»
Prix de briques pour la réparation de Carthage......................................	3 276	»
Prix de charbon..	81	»
Prix des olives pour la maison de Casbah..	33 806	»
Teskéré pour argent et bœufs...	2 600	»
Pour la réparation de la voiture de notre fils Hammer-ben-Diaf, général de division................	749	»
Prix d'une voiture à quatre roues..	8 000	»
Dépenses pour la presse à huile de Casbah pour trois années échues le 13 djoumad-el-tani 64..........	33 868	75
Prix de bijoux...	22 850	»
Prix d'argent et d'or pour l'hôtel de la Monnaie....................................	35 381	»
Dépenses pour les frais de la boulangerie des 1er et 5e régiments, depuis moharram 62 jusqu'à la fin de rabbi-el-tani 64..	174 250	»
Payé au cheik Si-Hage..	1 000	»
Prix des obsèques de l'auguste mère de Son Altesse le Bey...........................	1 000	»
Prix du mausolée en marbre...	2 760	»
Prix des dalles en marbre..	26 107	50
Prix de tabacs hachés..	3 732	»
Prix de 1300 fusils, à raison de 37 piastres 50......................................	48 750	»
Teskérés pour monnaie de cuivre et bœufs, pour l'aumône à Mohammedia................	5 243	»
Prix d'orgue...	2 100	»
Dépense pour gâteau de l'auguste Mouled (anniversaire de la naissance du Prophète), pour les années 63 et 64..	2 027	»
Prix des cuves en bois pour la Casbah..	554	»
Prix de roseaux pour la musique..	350	»
Teskéré pour l'approvisionnement de Galis et autres..................................	1 448	»
Prix d'orge pour les arpenteurs et leurs aides dans les ouatan.......................	8 400	»
Payé à M. Louis, consul à Marseille, pour frais de deux réparations à un bâtiment..........	119 103	50
Payé à M. Faroudja, consul à Malte...	52 000	»
Payé à valoir sur la machine mécanique destinée à la Monnaie........................	147 336	50
Dépenses pour l'approvisionnement de l'année à la Casbah, pour un an échu rabbi-el-tani 1264........	23 812	50
Total de la dépense.............	1 326 972	25
A déduire le reliquat dû par lui dans son compte précédent, en date de djoumad-el-aoual 1264......	655 764	25
Le montant de la dépense nette due au général Benaïad, s'élève à..........................	671 208	»

LOUANGE A DIEU!

On tiendra compte à notre cher fils, Mahmoud Benaïad, général de division, de 671 208 piastres, suivant le compte ci-dessus, qu'il a dépensées d'après nos teskérés et notre autorisation, et dont il a présenté les titres que nous avons lacérés, après les avoir réunis dans cet écrit, et avoir déduit le reliquat dû par lui dans le compte qui précède celui-ci.

Signé : AHMED PACHA BEY. Daté du 24 zikeda 1264.

Pièce justificative n° 5.

CHANCELLERIE DU CONSULAT GÉNÉRAL DE FRANCE A TUNIS.

Extrait des minutes.

L'an mil huit cent cinquante-quatre, et le trois du mois de mars, à trois heures et demie après midi, par-devant nous Pierre-Augustin-Ferdinand Maurin, chancelier du consulat général de France à Tunis, et les témoins ci-bas nommés,

Fut présent :

M. Charles Le Lasseur, banquier, demeurant à Paris, présentement à Tunis, agissant en qualité de mandataire général et spécial du général Sidi-Mahmoud Benaïad, en vertu d'une procuration reçue en minute par Mᵉ Bertrand, notaire à Paris, le seize janvier mil huit cent cinquante-quatre,

Lequel nous a déclaré qu'étant accompagné d'un secrétaire-interprète, le sieur Hafis Khodja, employé à la préfecture d'Alger, et du sieur Ismaël Ben-Abdallah, janissaire attaché audit consulat général, celui-ci l'accompagnant par ordre de M. le chargé d'affaires et consul général de France à Tunis, il s'est présenté, ce jourd'hui, chez le sieur Hadj-Hamda Zulim, gendre du général Mahmoud Benaïad, et détenteur de diverses marchandises et autres valeurs, et lui a demandé la livraison entre ses mains de ces valeurs et marchandises;

Que le sieur Hadj-Hamda Zulim a répondu qu'il serait prêt à satisfaire à cette demande, ainsi qu'il l'a déjà déclaré au sieur Charles Le Lasseur, lors de sa première entrevue, le dix-huit février dernier, mais que le lendemain de cet entretien, S. A. le Bey ayant fait venir près de lui le sieur Hamida Benaïad, neveu du général Mahmoud Benaïad, et lui ayant défendu expressément, *sous peine de perdre la vie*, non-seulement de faire aucune livraison à M. Le Lasseur, mais même d'avoir avec lui aucune communication, et cette même défense ayant été également faite à lui, Hadj-Hamda Zulim, dans les mêmes termes, de la part du Bey, par Son Excellence le kasnadar, le vingt février, il se voyait dans la nécessité absolue de refuser à M. Le Lasseur toute livraison.

Et aussitôt, à la requête du déclarant, par-devant nous dit chancelier, sont comparus les sieurs Hafis Khodja et Ismaël Ben-Abdallah, ci-dessus dénommés, lesquels ont affirmé que la déclaration qui précède, et dont nous leur avons donné lecture, est de tous points conforme à la vérité.

De tout quoi, M. Charles Le Lasseur nous a requis de dresser acte, entendant considérer le Gouvernement tunisien comme responsable envers le général Benaïad de tous les dommages qui pourront résulter pour celui-ci, de ce défaut de livraison, par suite du refus susétabli, contre lequel il fait toutes protestations et réserves expresses.

Fait et passé en chancellerie de ce consulat général, en présence des sieurs Justin Ménard, commerçant, et Jacques Beauvais, barbier, tous deux Français, établis à Tunis, témoins requis, lesquels ont signé après lecture faite, avec le déclarant, les sieurs Hafis Khodja et Ismaël Ben-Abdallah, et avec nous dit chancelier.

Signé : CH. LE LASSEUR, J. HAFIS.
Signé en idiome arabe : ISMAEL BEN-ABDALLAH.
Signé : MÉNARD, JACQUES BEAUVAIS.
MAURIN, *chancelier*.

Pour expédition conforme :

Tunis, le quatre mars mil huit cent cinquante-quatre.

Signé : MAURIN, *chancelier*.

Vu pour légalisation de la signature qui précède de M. Maurin, chancelier de ce consulat général.

Tunis, le 4 mars 1854.

Le chargé d'affaires et consul général de France,
Signé : L. BÉCLARD.

Pièce justificative n° 6.

LOUANGE AU DIEU UNIQUE!

Sur l'invitation de M. le chevalier Béclard, consul général de France à Tunis, le notaire soussigné, à la demande de M. Charles Le Lasseur, Français, s'est transporté avec ce dernier, accompagné du sieur Gabriel Valenzi et du drogman Mustapha Bouchenack, auprès du directeur de la ferme des cuirs. Il s'agissait, pour le sieur Le Lasseur de réclamer le payement de deux annuités dues sur un teskéré de notre seigneur et maître, revêtu au dos de son cachet, adressé au directeur de la ferme des cuirs, teskéré de la somme de *cinq millions de piastres tunisiennes,* à payer à l'honorable, l'estimable Mahmoud Benaïad, sur les revenus de ladite ferme en quatre années, dont deux déjà échues. Sur cette somme Benaïad n'a reçu que celle de cent trente mille piastres d'après la déclaration dudit Français son fondé de pouvoirs.

Lorsque nous arrivâmes à l'hôtel de la ferme des cuirs, nous demandâmes à en voir le directeur, l'honorable général de brigade Sid Farhat. Il nous fut répondu par son serviteur, l'israélite Darmon, que le général dormait et ne se réveillerait qu'une heure et demie plus tard. Nous attendîmes son réveil. Puis, le susdit Darmon vint à nous pour inviter le sieur Gabriel, susmentionné, à aller seul voir le général. Celui-ci se rendit auprès de lui, dans sa petite maison, et revint, peu après, et nous dit que le général ne voulait recevoir personne. Nous retournâmes auprès du consul auquel nous rendîmes compte de ce qui venait de se passer. Le consul nous dit : Retournez encore auprès du général, que le notaire soussigné se présente à lui accompagné de Gabriel, avec ledit teskéré et qu'il réponde par le payement des deux millions et demi, montant des deux annuités échues, moins les cent trente mille piastres par lui acquittées précédemment, ou bien qu'il déclare son refus d'effectuer ce payement.

Lorsque, retournés sur les lieux, nous fîmes demander au général la permission de le voir, il n'autorisa l'accès auprès de lui que de Gabriel seulement. Celui-ci fut le voir et lui dit que le consul désirait que le notaire soussigné entendît de lui sa réponse, soit le payement, soit le refus de l'effectuer; le général ne voulut pas y consentir. Alors Gabriel lui montra le teskéré, afin qu'il en prît connaissance. Il s'y refusa encore en plaçant sa main sur ses yeux et en disant : « Je ne veux rien voir, rien entendre. » Gabriel le laissa alors, et nous quittâmes les lieux.

Ces faits se sont passés et ont été consignés par écrit ici, le 26 djoumad-el-aoual 1270.

Celui qui a eu connaissance de ces faits, qui a vu lesdites personnes, constaté lesdites circonstances et entendu lesdites paroles des individus susmentionnés et dans les lieux susindiqués, a déposé ici sa déclaration.

Signé à l'original arabe : SOLIMAN.

Pour traduction conforme :

Le premier interprète du consulat général de France,
Signé : A. ROUSSEAU.

Pour copie conforme :

Tunis, le 1er mars 1854.

Le chargé d'affaires et consul général de France,
Signé : L. BÉCLARD.

Pièce justificative n° 7.

LOUANGE A DIEU!

(Après le protocole d'usage), qu'il soit à la connaissance de Votre Seigneurie qu'alors que j'ai reçu la lettre de Sidi-Ahmed dans laquelle il me dit de présenter à M. Mercier fils le compte en recettes et en dépenses de toute la propriété pendant l'année courante, de l'instruire sur les sommes dues et arriérées; de lui verser tout ce qui est entre mes mains; de lui signaler le nom des personnes qui se sont refusées à payer, afin qu'il portât sa plainte contre elles devant le consul français.

Aussitôt la réception de cette lettre, j'ai été voir M. Mercier fils pour lui demander un délai d'environ dix jours pour cause d'une disgrâce qui m'est arrivée et qui a pour effet la maladie de mon fils.

M. Mercier fils a accédé à ma prière, mais Sidi-Mustapha kasnadar m'a demandé de lui faire part du contenu de la lettre, et je l'ai soumis à sa connaissance; il m'a ordonné de ne rien faire de cela que d'après l'autorisation de S. A. le Bey, et qu'à son retour le samedi à Tunis, il me fera savoir ce qu'aura décidé notre seigneur.

Je suis donc dans l'attente jusqu'à samedi. J'en ai informé M. Mercier fils, il m'a prié de l'accompagner chez Sidi-Mustapha kasnadar, je m'y suis refusé, et Votre Seigneurie comprendra pourquoi.

Je lui ai conseillé comme plus convenable de lui écrire une lettre; il m'a répondu de ne craindre personne, et que lorsqu'il m'arriverait quelque chose, qu'il fallait le prévenir, et me voilà toujours en attendant ce qui peut arriver, le samedi de la Haute Seigneurie.

Et je m'empresserai de faire savoir les événements, aussitôt que j'en serai instruit, à Sidi-Mahmoud.

Le 15 hedja 1270.

Signé : MAHOMET DABAG.

TYPOGRAPHIE DE CH. LAHURE
Imprimeur du Sénat et de la Cour de cassation
rue de Vaugirard, 9

www.ingramcontent.com/pod-product-compliance
Ingram Content Group UK Ltd.
Pitfield, Milton Keynes, MK11 3LW, UK
UKHW021215230726
13926UKWH00003B/1037

9 782014 077797